I0168947

APRENDER INGLÉS II

DELFÍN CARBONELL

www.aprenderingles.guiaburros.es

EDITATUM

© **EDITATUM**

© DELFÍN CARBONELL

Queda prohibida, salvo excepción prevista en la ley, cualquier forma de reproducción, distribución, comunicación pública y transformación de esta obra sin contar con la autorización de los titulares de propiedad intelectual. La infracción de los derechos mencionados puede ser constitutiva de delito contra la propiedad intelectual (art. 270 y siguientes del Código Penal). El Centro Español de Derechos Reprográficos (CEDRO) vela por el respeto de los citados derechos.

En la redacción del presente libro mencionamos logotipos, nombres comerciales y marcas de ciertas empresas u organizaciones, cuyos derechos pertenecen a sus respectivos dueños. Este uso se hace en virtud del Artículo 37 de la actual Ley 17/2001, de 7 de diciembre, de Marcas, sin que esta utilización suponga relación alguna del presente libro con las mencionadas marcas ni con sus legítimos propietarios. En ningún caso estas menciones deben ser consideradas como recomendación, distribución o patrocinio de los productos y/o servicios o, en general, contenidos titularidad de terceros.

Diseño de cubierta: © LOOKING4

Maquetación de interior: © EDITATUM

Primera edición: Junio de 2019

ISBN: 978-84-17681-22-7

Depósito legal: M-16460-2019

IMPRESO EN ESPAÑA/ PRINTED IN SPAIN

Si después de leer este libro, lo ha considerado como útil e interesante, le agradeceríamos que hiciera sobre él una **reseña honesta en Amazon** y nos enviara un e-mail a **opiniones@guia-burros.com** para poder, desde la editorial, enviarle **como regalo otro libro de nuestra colección.**

Agradecimientos

I am greatful to my Alma Mater, Duquesne University, for granting me a half-scholarship and bestowing on me a solid foundation in the humanities. Then the University of Pittsburgh offered me a *Teaching Assistantship* to pursue my M.A. studies at the Cathedral of Learning, where I attended Mario Pei´s lectures, and met Dr. James Parr, Dr. Jack Kolbert and Dr. Rodolfo Cardona. At the Universidad Complutense I obtained my Licenciatura and Doctorado in Philology and met and was taught by Dámaso Alonso, Joaquín de Entrambasaguas, Fray Justo Pérez de Urbel, Antonio Oliver Belmás, and others who aided and guided me.

Sobre el autor

Delfín Carbonell se formó en la *Duquesne University* en Pittsburgh, también es Doctor en Filología Románica y Licenciado en Filosofía y Letras en la Universidad Complutense.

Ha colaborado en: *Espiral, Cuadernos Hispanoamericanos, Duquesne Hispanic Review, Revista de la Universidad de Yucatán, Actas do Primer Coloquio Galego de Fraseoloxia, Revista Galega de Ensino, Huffington Post, VOXII, Fox News,* etc.

Entre sus publicaciones más relevantes destacan: *Escribir y comunicar en inglés,* (Anaya/Oberón, 2017); *Phonética inglesa* (Anaya 2015); *Escribir bien* (Anaya, 2014); *Gramática inglesa* (Anaya, 2013); *La lengua de Cervantes* (Serbal 2011); *El laberinto del idioma ingles* (Serbal 2009); *Diccionario panhispánico de citas* (Serbal, 2008); *Diccionario soez de uso del español cotidiano* (Serbal, 2007); *Diccionario de clichés* (Serbal, 2006); *Diccionario de modismos, inglés y castellano* (Serbal, 2004); *Breve diccionario coloquial inglés y castellano* (Serbal, 2004); *Diccionario panhispánico de refranes, de autoridades...* (Herder, 2002); *Gran diccionario de argot* (Larousse, 2000); *Diccionario inglés y castellano de argot y lenguaje informal* (Serbal, 1997); *Diccionario de refranes* (Serbal, 1996); *Diccionario fraseológico* (Serbal, 1995); *Diccionario malsonante* (Istmo, 1992).

Índice

Prólogo 11

¿De qué trata este libro? 12

A - D 13

E - G 69

H - K 91

L - N 99

O - R 116

S - U 124

V - Z 138

Prólogo

Vengo afirmando desde hace tiempo que entre los déficits españoles está el déficit idiomático y que ese déficit afecta negativamente a la internacionalización de nuestra economía en general y en concreto a la de nuestras empresas, por no hablar del mundo político.

Un joven que a estas alturas no domine el inglés tiene un hándicap dramático en su carrea profesional. De hecho ya no basta con ese idioma. El número de jóvenes europeos que hablan más de un idioma extranjero se acerca al 60%. En una reciente reunión de empresarios españoles se expuso la queja de que en las reuniones con sus socios o sus competidores se encontraban siempre con la desventaja de que ellos dominaban varios idiomas.

De ahí que me haya interesado el trabajo del filólogo y lexicógrafo Delfín Carbonell, que nos ofrece un manual para hablar con más corrección, con más calidad y con más riqueza el idioma inglés, que es algo más que la "lingua franca", es, sobre todo, el idioma de la tecnología, de la ciencia, y en general de las nuevas realidades y tendencias que van a configurar el mundo.

Merece la pena leerlo y tenerlo a mano. Da buenos, muy buenos consejos, sobre cómo evitar errores garrafales y cómo comportarse con acierto. Y además se puede discrepar de algunos de sus consejos y tecnicismos y dialogar sobre ellos. Doy por seguro que lo irá enriqueciendo en las nuevas ediciones.

Y por fin, y como valor importante, es divertido.

Antonio Garrigues Walker

¿De qué trata este libro?

El **idioma inglés no es solo gramática**; contiene usos y costumbres subyacentes, las idiosincrasias británica y estadounidense, que debemos saber para seguir sus normas lingüísticas y sociales y transmitir un lenguaje correcto, coherente y eficaz.

Un idioma no es una burbuja flotante, autónoma, que se reatroalimenta. Es un ente vivo que se sostiene con las maromas de una historia, unas costumbres, una gastronomía, una ciencia, una religión, un clima incluso, que forman la savia que mantiene y cambia las lenguas a través del tiempo. Para conocer un habla bien hay que ir más allá de su gramática.

Aquí **entraremos someramente en los misterios de la mente anglosajona**, que se manifiesta en sutiles conceptos históricos y sociológicos que debemos aprender para estar en igualdad de condiciones con el nativo culto. Aprenderemos quién tiene que pagar en el restaurante, qué es el *Basic English*, la diferencia entre *round* y *around,* y entre *luggage* y *baggage*, qué es el *Received English*, qué es un *Caucasian*, qué significa el *American Way of Life,* quienes son *John Bull, Uncle Sam* y *John Doe*, qué tipo de comida es la *soul food,* qué son el *Boxing Day* y el *Memorial Day,* qué es el *Black English*, qué es el *Common Law,* cómo nos dirigimos a una señorita desconocida...

Leyendo este librito podrá sentirse más cómodo entre anglohablantes y sacarle más provecho a su relación con ellos.

A – Sobresaliente en el sistema alfabético de puntuar exámenes.

Primera letra del alfabeto que es también nota en un examen que equivale a un sobresaliente, a un 10. Se puede hilar muy fino en estas cuestiones: A+ y A- (*A plus, A minus*). Todo es posible en un examen.

B = notable.

C = aprobado.

D = aprobadillo por los pelos.

F = suspenso. → grading system

À LA – Expresión francesa de uso cotidiano.

Del francés *à la*, a la manera de, a la:

À la carte   a la carta

À la king   plato servido con crema de setas y pimientos. *Chicken à la king.*

À la mode   plato que lleva helado encima. *Apple pie à la mode.*

Puede ser también sin acento: *a la.*

Es de uso muy corriente como puede comprobarse cuando se visita USA.

Por cierto que *table d'hôte* es la comida preparada igual para todos y con un precio fijo: lo que en España se llama "plato del día", "menú del día", opuesto a *à la carte*, donde el comensal decide lo que quiere entre diversos platos. *A table d'hôte lunch for $10.*

ABUSE – Más que abusar.

Además de abusar es insultar, maltratar: *She abused me and then kicked me out*, me insultó y luego me tiró a patadas.

Sexual abuse, abuso sexual. *Animal abuse*, maltrato animal. *Child abuse*, abuso de menores.

ACQUAINTANCE – Conocidos, que no amigos.

An acquaintance is a person we know, but who is not a friend: *Albert is not a friend, he is an acquaintance of mine*, Alberto no es amigo, es conocido mío.

To make someone's acquaintance is to make friends or meet someone: *I made her acquaintance at a party*, la conocí en una fiesta.

ACTUALLY – Muletilla lingüística.

Palabra *muletilla* o bordón que se emplea para poner énfasis: *Actually, what I like is to sleep*. Traducir por *en realidad, la verdad es que*. *Actually, I don't know*, en realidad, no sé. No la traduzcamos por actualmente.

ADDENDA – Plurales latinos en lengua inglesa.

Tiene como singular *addendum*. *Medium, media*.

ADDRESS – No es solo dirección.

Dirección, señas, y también discurso: *Lincoln's Gettysburg Address*, el discurso de Lincoln en Gettysburg.

El número de la calle se coloca primero y el código postal detrás de la ciudad y estado:

> 2617 Perrysville Ave.
>
> Pittsburgh, Pa. 554-987
>
> United States

Como verbo, *to address* significa dirigirse. *You must address me as Dr. Carbonell*, debe usted dirigirse a mí como Dr. Carbonell.

ADDRESS, TERMS OF – Cómo dirigirse a alguien en inglés.

Si queremos atraer la atención de una persona en la calle nos dirigimos a ella diciendo: *Sir!* Esto si es mayor de 25 y va relativamente bien vestido.

Si es una mujer, mayor de 25 y con relativa buena aparencia, diremos para llamarla: *Madam!* O *ma'am!*

En ambos casos diremos; *Yes, sir!* O *Yes, madam!* cuando estemos de acuerdo. Ahora ambos términos los traduciríamos por caballero, señor, y señora.

También podemos dirigirnos a los jóvenes diciendo: *Young man*, o *Young lady*.

A los niños, o jóvenes, se les suele decir *son*, hijo. *Son, you should not do that! What's wrong, son?*

Mr. a secas, para dirigirse a una persona suena despectivo y de baja clase social. *Hey, míster*, suena a "Oiga, jefe." Sin embargo este *Mr.* Se emplea con el apellido de un hombre, *Mr. Johnson*, y también con títulos, *Mr. President, Mr. Ambassador* y como título en broma a ciertas personas *Mr. Perfect, Mr. Clean, Mr. Know-it-all*, etc. que en castellano es don: don Perfecto, don Limpio, don Sabelotodo.

Jamás utilizaremos el *Mr.* para decir *Mr. Peter, Mr. Arthur, Mr. James…* que es el equivalente español de Sr. Manolo, Sr. Arturo, Sr. David. Cosas de paletos, vaya.

Mrs. Significa señora de y se emplea normalmente con el apellido del marido; *Mrs. Johnson* es la señora de Johnson. Y también como *Mrs. Perfect, Mrs. Clean*, doña Perfecta, doña Limpia. Nunca diremos *Hello, Mrs.* sino *Hello, Mrs. Smith*.

Miss es simplemente señorita, mujer soltera: *Miss Smith,* la señorita Smith. Pero se emplea para dirigirse a jóvenes desconocidas, camareras, tengan la edad que tengan, y a maestras (seño, en España): *Miss, will you bring the check? Will you come this way, Miss?*

La gente de poco más o menos se dirige a los desconocidos diciendo *boss* (jefe), *Governor* (en Inglaterra), *Mac, buddy, friend, Mr....* etc. *Hey, boss, can you spare a dime?* Pero nosotros que somos más elegantes jamás lo haremos. ¿Verdad?

Ahora se han inventado la abreviatura *Ms.* que quiere ser un híbrido entre *miss* y *Mrs.* y que no implica que la mujer sea o no casada. El caso es marear la perdiz.

En Inglaterra *Sir* es un título nobiliario: *Sir Bertrand Russell* y al dirigirse a él diremos (hubiésemos dicho, mejor, porque ya falleció) *Sir Bertrand.*

ADMIT – Falso y solapado amigo.

Reconocer: *I admit I was wrong,* reconozco que estaba equivocado. *To recognize* no nos sirve en este caso.

He was so thin I did not recognize him, estaba tan delgado que no le reconocí.

ADVICE / ADVISE – La importancia del sonido y la ortografía.

Advice significa consejos, o consejo.

A piece of advice es un consejo. *He gave me a good piece of advice,* me dio un buen consejo.

I am going to give him advice, le voy a dar consejos. (O: Le voy a dar consejo.)

To advise es aconsejar, asesorar, advertir, informar: *We must advise you of the dangers*, debemos advertirle de los peligros. *I need you to advise me as to what to do*, necesito que me asesores qué hacer. *This is to advise you that our shop will close next Monday*, le informamos que nuestra tienda cerrará el próximo lunes. *He will advise you on this matter*, te asesorará en este asunto. *My mother advised me against getting married*, mi madre me advirtió que no me casase. *I will advise you*, te aconsejaré.

AFRICAN-AMERICAN ENGLISH – Dialecto importante del inglés americano.

Es una variedad urbana del inglés subestándar, empleada por la población de color (negros), llamado también *Ebonics* y *black English*, que tiene las siguientes características generales:

Se omiten *is/are*: *You crazy? She my wife. Who you?*

La "s" de la tercera persona presente se omite: *He write novels.*

Were se reduce a *was* siempre: *They was here.*

Ain't como negativo: *I ain't do that.*

Dobles negaciones: *You ain't going nowhere.*

Be para casi todo: *You be Spanish?*

El genitivo sajón desaparece: *My sister boyfriend.*

Esta gramática se emplea también por blancos anglohablantes de cultura deprimida. A esta variante del idioma se la conoce también como *African-American Vernacular English*, que dicho de paso, es muy rica y añade vitalidad al idioma. Muchas de las palabras que se emplean, pasan pronto al inglés estándar de los blancos.

AFTERNOON – Después de las doce del mediodía.

Esta palabra está compuesta de dos: *after* y *noon*, después del mediodía, (ver **compound words)** así que después de las doce ya tenemos que decir *Good afternoon*. La costumbre española de decir *buenos días* a las dos de la tarde basándose en una regla no escrita que divide la mañana y la tarde el hecho de haber o no almorzado, no reza en lengua inglesa. Si le decimos a alguien a las dos de la tarde *Good morning* nos mirará con extrañeza, en el mejor de los casos. Así que tan pronto oigamos las doce campanadas del mediodía, a saludar a todos con un *good afternoon*. ¿Hasta qué hora? Yo diría que hasta la puesta del sol, que cambia según la geografía y la época del año.

La preposición a emplear es *in*: *I always sleep in the afternoon*, siempre duermo por la tade. *I'll see her tomorrow in the afternoon*, la veré mañana por la tarde. Ya sabemos que en hispanoamérica tienden a decir en la mañana, en la tarde.

Noon, que proviene del latín *nona hora*, es también *midday*, mediodía. No debemos utilizar en castellano la tautología "doce del mediodía" porque mediodía basta y sobra.

AGED – Varias pronunciaciones.

Ojo con la pronunciación de este verbo *to age*:

An aged man (eijid), un hombre mayor.

The aged suffer more (eijid), los mayores sufren más.

The dead man was aged 40 years (eijd), el muerto tenía 40 años de edad.

Aged wine (eijd), vino añejo.

She has aged a lot these past years (eijd), ha envejecido mucho estos últimos años.

To be of age, ser mayor de edad. *Be careful, I don't think she is of age.*

AGREE – Verbo trampa para los hispanohablantes.

To agree significa estar de acuerdo, consentir, acceder, aceptar: *I agree with you*, estoy de acuerdo con usted. *I agree*, de acuerdo; estoy de acuerdo. *I agreed to pay her debt*, accedí a pagar su deuda.

En el mundo anglosajón es de muy mala educación decir *I don't agree* a lo que nos digan, por mucho que estemos en desacuerdo y por disparatado que sea lo que nos digan. Siempre es mejor exclamar algo como: *Yes, perhaps, but...* y ya nos lanzamos a rebatir. Lo cortés jamás quita lo valiente.

AHA! – Exclamación versátil.

Esta exclamación es muy versátil y expresa muchas cosas, entre ellas *yes, ok., eureka, I caught you, I see, I understand,* etc. Yo personalmente prefiero el antiguo "yes" por aquello de que más vale malo conocido que bueno por conocer. En España se ha impuesto el "vale" para todo, como el "ok." → **exclamation**

AID / AIDE – Suenan igual pero son diferentes.

Como nombres, sustantivos, ayuda: *Foreigh aid*, ayuda al exterior; *they came to my aid*, vinieron en mi ayuda. *Aide* se emplea más como consejero, ayudante: *The president's aides*, los consejeros del presidente; *I am a doctor's aide*, soy ayudante de médico.

AIN'T – Contracción de nativos ignorantes pero muy popular.

Ain't es una contracción de *am not, is not, are not, has not* and *have not.* Se oye mucho en el mundo de habla inglesa incluso lo emplean *many cultivated speakers, (Webster's Third International Dictionary)* y su uso está muy extendido en la conversación cotidiana en los Estados Unidos. Apareció alrededor de 1770 y sigue pujante, aunque se considera siempre de baja estofa y propio de la clase trabajadora e inculta y, desde luego, un extranjero no debe meterse en estos berenjenales.

Es el título de un libro: *Where they ain't* (Free Press, 1999).

Elvis Prestly cantaba: *You ain't nothing but a hound dog...*

Y el cantante Al Jolson dijo la famosa frase, allá por los años 30 del siglo pasado: *You ain't seen nothing yet!* Que todo el mundo repite en lengua inglesa.

Lo oiremos mucho entre nativos... pero nosotros nos abstendremos de emplear este *ain't*, excepto para repetir el dicho popular: *If it ain't broke, don't fix it.* Si no está roto, no lo arregles; lo mejor es no meneallo y dejar las cosas en paz y tranquilas.

ALIEN – Más que un bicho raro.

En España se cree que un *alien* es un bicho raro, feo, que proviene del espacio exterior y remoto, un extraterrestre. Esa es una de las acepciones de la palabra, la otra es extranjero, ajeno, foráneo, forastero, que es la más empleada en la vida cotidiana:

US Immigration has stepped up efforts to catch fugitive aliens, la inmigración de USA ha aumentado sus esfuerzos para atrapar a los extranjeros fugitivos.

He has assumed alien customs, ha asumido costumbres foráneas.

She married an alien from South America, se casó con un extranjero de Sudamérica.

Aliens come to take our jobs away, (!?) los extranjeros vienen a quitarnos nuestros empleos.

ALL RIGHT – Frase más importante de lo que parece.

Significa bien, de acuerdo. Por ejemplo: *All right, I'll do it*. Puede también significar *ya lo creo*: *He'll come at five, all right*.

Muchos lo pronuncian como *awright*, pero nunca se escribe así.

Los hay que escriben *alright* que se acepta como variante coloquial de *all right*.

Para el lexicógrafo Robert Burchfield emplear *alright* por *all right* revela la crianza, educación y cultura de una persona más que ninguna otra palabra de la lengua inglesa. Por supuesto que para él *alright* no se debe utilizar jamás. (*The New Fowler's Modern English Usage*, Oxford, 1997) Como yo soy muy tradicional en estas cosas, me inclino también por *all right*, en vez de *alright*. Usted puede hacer lo que quiera. → **crutch**

ALUMNI – Plural latino de uso corriente.

Antiguos alumnos de una universidad. *Alumnus* es un ex alumno y *alumna* es una ex alumna o antigua alumna. *The Duquesne University Alumni Association* es la Asociación de Antiguos Alumnos de la Universidad de Duquesne. Yo soy un *alumnus* de esta universidad.

AM → **pm**

AMBIGUITY – La ambigüedad es peligrosa.

Cuando una frase puede tener dos o más interpretaciones. La ambigüedad en los dos idiomas debe evitarse. Nuestro enunciado tiene que ser claro y de fácil comprensión, especialmente en nuestros escritos, para que ninguna frase pueda interpretarse de diferentes maneras. Ejemplo:

Last night I caught a thief in my pijamas. ¿Quién llevaba el pijama?
Don't let worry kill you. Let me help. ¿Ayudar a qué? ¿A matarlo?
¿A ayudarle?

I can recommend Mr. Smith for the job he applied without reservations.
¿Lo solicitó sin reservas? *I met a man with a wooden leg named
Smith.* ¿La pata de palo se llamaba Smith?

AMBULANCE CHASER – Los abogados y su mala fama.

En el mundo aglosajón a los abogados se les conoce por *ambulance chasers*, en España son picapleitos. Por alguna razón
esta profesión tiene "mala prensa", en todo el mundo. Se cree
que los letrados persiguen las ambulancias tras un accidente
para conseguir clientes, o tratar de que el accidentado se que-
relle contra alguien. En *Esquire*, la prestigiosa revista, leemos:
"His enemies call him an ambulance chaser." (London: The
National Magazine Company Ltd, 1992).

Las palabras que los *ambulance chasers, shysters,* prefieren para
referirse a sí mismos son: *lawyer, attorney, attorney-at-law, barris-
ter.* Muy finos ellos.

AMERICA - ¿Estados Unidos o América?

Para un ciudadano de los Estados Unidos, *America* se refiere
siempre a *United States of America.* No es científicamente correcto, pero así es. Y *American* se refiere a los norteamericanos.
El Presidente Eisenhauer siempre comenzaba sus discursos
diciendo: *Fellow Americans...* Luego han surgido nuevos vocablos como *African-Americans* o *Afro-Americans, Asian-Ame-
ricans,* por ejemplo. Hay diccionarios que llevan por título: *A
Dictionary of the American Language.* Se habla de *American Embassy, American way of life* y siempre se refiere a los Estados

Unidos de Norteamérica. H. L. Mencken decía que "there's an English language and an American language." ¿Lo decía en serio? Pues yo no estoy seguro.

El *native American* es el indio, el piel roja.

AMERICAN DREAM – Ideal norteamericano.

El *American Dream* es la utopía de la prosperidad, la igualdad de oportunidades, la búsqueda de la felicidad y la riqueza, la creencia de que se puede en la vida llegar a más y que todo es posible en los Estados Unidos. Es un concepto básico e ingenuo en la mentalidad de todo norteamericano que se aferra al pensamiento optimista de que con el trabajo, la fe en Dios, la familia y el país todo saldrá bien. Basta recordar que en las monedas y billetes aparece la frase *In God we Trust*. Siempre se piensa que la democracia y la libertad existen solo en Norteamérica. También hablan del *American Way of Life*: hamburguesas, tocino, pistolas, la bandera, refrescos, baseball, odio y *God*.

AMERICAN ENGLISH / BRITISH ENGLISH – Las diferencias básicas.

Así es como los "expertos" dividen las dos ramas importantes del idioma. El entramado básico, tanto gramatical como fonológico, del idioma inglés es el mismo, independientemente del país en que se hable. Los británicos, como es de esperar, creen que su inglés es el mejor, pero la realidad es que no hay grandes diferencias cuando hablan dos personas cultas. Si un analfabeto británico habla con un colega norteamericano, ahí sí que pueden surgir problemas de comprensión. Y no olvidemos que las películas norteamericanas, de Hollywood, han exportado maneras de hablar que los ingleses han adoptado alegremente y sin mayores reparos. El famosos "acento inglés o británico" es relativamente nuevo en el idioma y apareció después de la independencia de las colonias americanas.

La pronunciación de la "r" es posiblemente lo que más marca las dos variedades del inglés: un británico por silla dirá, *chaih* [chéa] y un norteamericano pronunciará la "r" diciendo *chair*. Los escoceses pronuncian la "r", como en *fewer*, a la española.

Los ingleses de baja estofa no pronuncian las "haches" de *have*, *hat*, etc., pero por eso se nota de qué pie cojean culturalmente. Comerse el sonido de hache es un signo del habla inculta.

Pero quizá sea el vocabulario y fraseología donde se hallen las diferencias, lo que más llama la atención de la gente corriente, como

Brit.	Am.	Traducción
Autumn	*Fall*	otoño
Bank holiday	*Legal holiday*	fiesta, día feriado
Banknote	*Bill*	billete de banco
Braces	*Suspenders*	tirantes de pantalón
Cheerio	*Bye-bye*	hasta luego, adiós
Chips	*French fries*	patatas fritas
Cinema	*Movies*	cine
Cooker	*Oven*	horno
Condom	*Condom, rubber*	condón, goma
Corn	*Cereal*	cereal
Driving licence	*Driver's license*	carnet de conducir
First floor	*Second floor*	primer piso
Flat	*Apartment*	piso

Ground floor	*First floor*	planta baja
Kerb	*Curb*	bordillo de acera
Lift	*Elevator*	ascensor
Lorry	*Truck*	camión
Maize	*Corn*	maíz
Pavement	*Sidewalk, pavement*	acera
Petrol	*Gas, gasoline*	gasolina
Post code	*Zip code*	código postal
Queue	*Line*	cola
Roundabout	*Traffic circle*	rotonda de tráfico
Rubber	*Eraser*	borrador
Serviette	*Napkin*	servilleta
Tart	*Pie*	tarta, torta
Tin	*Can*	lata
Tyre	*Tire*	neumático
Underground	*Subway*	metro
Vest	*Undershirt*	camiseta
Waistcoat	*Vest*	chaleco de traje
Zip	*Zipper*	cremallera

→ **standard English** → **received English**

AMERICAN PLAN – Según dónde esté el hotel.

Quiere decir, en los hoteles caros, lujosos, de los Estados Unidos, que todas las comidas están incluidas en el precio: desayuno, almuerzo y cena. Pensión completa. La mayoría de los establecimientos hoteleros en USA y Canadá emplean el sistema europeo, más que el *American Plan*.

En las listas de hoteles aparece como AP.

ANGLO-SAXON VOCABULARY / LATIN VOCABU-LARY - ¿Cuál de los dos vocabularios?

Siempre que sea posible debemos emplear palabras sajonas en vez de las latinas, que componen el 45 por cien del vocabulario inglés. Por ejemplo:

Annual	*yearly*	anual
Catarrh	*cold*	catarro
Chamber	*room*	cuarto
Close	*shut*	cerrar
Conversation	*chat*	conversación
Cordial	*hearty*	cordial
Demand	*ask*	pedir
Desire	*wish*	desear
Edifice	*building*	edificio
Enemy	*foe*	enemigo
Esophagus	*gullet*	esófago
Example	*instance*	ejemplo
Expectorate	*spit, hawk*	escupir
Function	*work*	funcionar
Impede	*stop*	impedir, parar
Initiate	*begin*	iniciar, empezar
Intestine	*gut*	intestino
Ire	*wrath*	ira
Manual	*handbook*	manual
Language	*tongue*	lengua
Masculine	*manly*	masculino
Odor	*smell*	olor
Penalty	*punishment*	penalización, castigo
Perspire	*sweat*	sudar
Power	*might*	poder

Problem	*woe*	problema
Reception	*welcome*	recepción
Reside	*live*	residir, vivir
Reply	*answer*	responder
Spirit	*ghost*	espíritu
Sternum	*breastbone*	esternón
Sufficient	*enough*	bastante
Terminate	*end*	terminar

La sustitución no es siempre posible porque las palabras tienen a veces diferentes significados (polisemia): *The law can be violated* pero *Women should not be raped*. El problema es que las palabras latinas resultan más difíciles y complicadas para el común de los nativos, que suelen emplear las sajonas en su quehacer cotidiano. Simplifiquemos en esto como en todo lo demás. Repito: la palabra clave es simplificar. → **saxon words**

ANGLOS – Etiqueta para los norteamericanos blancos anglófonos.

El norteamericano que no es *hispano, latino*, asiático, negro o indio es *Anglo*. Se emplea en Quebec para designar a los anglohablantes, los no francófonos. También se denominan *Caucasian*, que debe traducirse por *blanco*, no *caucasiano*, como hace la televisión en España, que es la que está destrozando el idioma castellano, especialmente con sus traducciones a mocosuena. *WASP* es el *White Anglo-Saxon Protestant*, que ahora hasta se aplican a sí mismos los que se llaman *Gianni* o *Bailarinni* de apellido.

ANTONYMS – Palabras con significado opuesto.

Antónimos. Palabras opuestas en significado. *Up, down. Rich, poor. Fast, slow. Right, left. Good, bad. Boy, girl. Hard, soft. Absent, present. Bitter, sweet.* Aprender antónimos es una buena manera de ampliar el vocabulario con poco esfuerzo.

Apóstrofo ('), en castellano termina en "o", sirve para indicar que faltan o se omiten letras al escribir, como en las contracciones: *aren't, isn't, won't, don't, didn't, wouldn't, haven't,* por ejemplo.

También indica casa de: *I am going to Peter´s for supper,* voy a casa de Pedro a cenar.

Para tiendas: *Dry cleaner´s.*

No tiene sentido alguno emplear el apóstrofo alocadamente en los carteles españoles: *Bar Casa Paco´s, Bordados Cecilia´s, Electricidad Fernando´s.* Es de idiota's.

No olvidemos que con ese apóstrofo formamos el genitivo sajón: *Peter's house. Robert's wife is very pretty.*

Area code es el prefijo telefónico regional en los Estados Unidos, de tres dígitos. Cada dígito se aplica a un estado o parte de un estado, ciudad o parte de una ciudad grande (510 San Francisco, 020 Londres), como en España tenemos el prefijo 91 para Madrid y el 93 para Barcelona, por ejemplo. En USA el prefijo 800 se emplea para llamadas gratuitas o *toll-free numbers.* En el Reino Unido es 0800.

La preposición y adverbio *around* se prefiere en USA, mientras que los británicos emplean más *round.*

Around the world in 80 days, la vuelta al mundo en 80 días.

Around the corner, a la vuelta de la esquina.

He runs around the house, corre alrededor de la casa, por la casa.

We'll eat around five, comeremos alrededor de las cinco.

To go around, circular, ir por ahí: *There's a rumor going around,* circula un rumor por ahí.

Round es también un asalto: *The first round in boxing,* el primer asalto en el boxeo.

También es una ronda de charlas, conferencias: *A round of talks.*

Round también es redondo: *The ball is round,* la bola es redonda.

A round sum of money, una suma redonda de dinero.

A round trip es un viaje de ida y vuelta: *A round-trip ticket to Australia.*

A round of applause es una ovación: *He was given a round of applause.*

I'll pay the first round, yo pago la primera ronda (de vino, cerveza).

In round numbers significa en números redondos.

To make the rounds, hacer una ronda. *A round of visits,* una ronda de visitas.

The other way around, al revés, al contrario.

A merry-go-round es la atracción de los caballitos en las ferias y parques de atracciones.

Como ejemplo de uso por los británicos:

"Monaco drives me round the bend." (The Sun, 14 May, 2010.)

"My idea was to ask composers and sound artists from all round the world to contribute..." (Telegraph.co.uk, 11/20/2008)

ASS – Palabra tabú interesante y muy usada, con su fraseología.

An ass es un asno, un burro, un pollino, un borrico, que también se le conoce como *donkey*, *jackass*, aunque la palabra también se refiere a la parte donde la espalda pierde su casto nombre, o sea: el culo. Su uso, tan extendido en ambos idiomas, da que pensar acerca de las fijaciones lingüísticas de la gente sobre la anatomía e inteligencia humanas. No es estrictamente *slang*, argot o lenguaje sohez, pero mucha gente considera la palabra vulgar o tabú.

Move your ass! ¡Mueve el culo!

He's been sitting on his ass all day! ¡No ha movido el culo en todo el día!

Kick his ass! ¡Dale una patada en el culo!

I fell down and hurt my ass! ¡Me caí y me hice daño en el culo!

An ass es un imbécil, un burro.

An ass-kisser es un lameculos.

Ass-wipe es papel del culo.

An asshole es un cretino, un gilipollas, como en la frase "You know, you sound like an asshole if you answer the question." (Rolling Stone Magazine, February 9, 1999.)

My ass! Es una expresión que significa *I don't believe it.* ¡Y un carajo! por ejemplo.

Kiss my ass! Equivale a ¡Tócame los cojones! ¡Chúpame el culo!

A pain in the ass es una persona insoportable, incordiante, un coñazo, en castellano peninsular. Se puede emplear la variante eufemística *a pain in the neck*.

Los británicos y australianos lo escriben *arse*. "And how, come to think of it, was Henry going to get him to absorb the stuff, short of creeping up on him while he was asleep and forcing it down his throat or up his arse?" Nigel Williams, *The Wimbledon poisoner.* (London: Faber & Faber Ltd, 1990).

No confundan la pronunciación entre *ass* y *as.*

Claro, tenemos eufemismos más o menos pudorosos: *fanny, rear end, the behind, the buttocks,* que se aceptan en *mixed company,* y no sacan los colores a nadie. → **mixed company**

El pollino, el borrico, el asno –*ass, jackass*- es el símbolo del partido democrata de los Estados Unidos.

ATTENTION – Firmes.

To call attention to es llamar la atención. "It calls too much attention to your hands." GQ, January, 2000.

To pay attention es prestar atención. *He never pays attention to me.*

Attention! ¡Fiiiiirmés! En el ejército, claro. (Se pronuncia: *Ateeeeention!*)

Pero llamar la atención a alguien es *to reprimand someone.* El jefe me ha llamado la atención porque suelo llegar tarde, *The boss has reprimanded me because I am usually late. My wife reprimanded me again yesterday.*

AUTO- – Prefijo como en castellano.

Prefijo que actúa como en castellano, automóvil, autógrafo, autobiografía, autodidacta:

Autobiography, Autocrat, Autodidact, Autograph, Autoimmunity, Automat, Automatic, Automobile, Autonomous, Autopilot.

Ahora, y por esas cosas de las malas traducciones, dicen los eruditos a la violeta: *se autocuidan, se autoflagelan, se autoinmolan…*y otra sandeces parecidas, tratando de duplicar el *self* inglés.

B – Segunda letra del alfabeto y sus significados.

El plural de esta letra, como las otras, se puede escribir b's, o bs. *Abbreviation is spelt with two bs.*
Una nota de B en un examen equivale a un notable. También puede ser B+ o B- (B plus, B minus)... Esto es lo que se llama hilar fino, *to slice thin*. → **grading system**
La /b/ es muda en palabras como *doubt, debt, dumb, comb, climb*.
Indica fecha de nacimiento (*born*): b. 1920, nacido en 1920.
Plan B, estrategia alternativa si falla el primero intento.

B. A. – Título académico.

Bachelor of Arts, cuatro años o unos 120 a 140 créditos de cursos de *undergraduate*.

B and B – Pequeños albergues.

Bed and breakfast: We stayed at a nice B and B near the village.

BABY – El sexo del bebé.

El pronombre será *he* o *she*, naturalmente, pero muchos emplean *it* para referirse a un bebé. No pasa nada.

BABY BOOMER – Persona nacida después de Segunda Gran Guerra.

Al terminar la Segunda Guerra Mundial hubo una explosión demográfica en los Estados Unidos. A estos niños se les llamó *baby boomers. A boom* es un auge, un aumento, y así podríamos traducir la expresión como *un auge de bebés*. Se aplicaba especialmente a los nacidos entre 1945 y 1965. Todavía se emplea: "Baby boomers may not feel rich right now, but they're still the wealthiest generation in US history." (U.S. News & World Report, Nov. 22, 2008).

BACHELOR PARTY – Despedida de soltero.

También conocido como *stag party* es una reunión festiva de hombres, especialmente, conocida en España por *despedida de soltero*. Las mujeres también celebran *bachelor parties* que también se denominan *hen parties* o *bachelorette parties*.

BAD NEWS – Mala cosa, mal fario, cenizo.

Bad news es algo o alguien que no nos gusta y nos afecta negativamente, nos deprime, o que es peligroso.

The new director is bad news. The math teacher is bad news. He's bad news since his wife left him.

BAGGAGE / LUGGAGE – Equipaje.

Equipaje. No tienen plural. *I'm going to check my luggage*, voy a facturar el equipaje. *My baggage has been stolen*, me han robado el equipaje. Podemos emplear estas palabras indistintamente.

BALONEY – Chorradas.

Bologna se denomina en los Estados Unidos al salchichón italiano, que en lenguaje coloquial ha cambiado a *baloney*: *A baloney sandwich*, por ejemplo. Pero el significado principal es *chorradas, bobadas, boludeces, macanas*: *That's a lot of baloney and I don't believe you!* ¡Eso son chorradas y no te creo!

El gobernador de Nueva York, Al Smith, dijo la célebre frase que todavía se comenta y repite: "No matter how thin you slice it, it's still baloney." Por muy fino que lo cortes no deja de ser salchichón, o, mejor: Por muchas vueltas que le des, no deja de ser una chorrada, una tontería.

BAND AID – Tiritas para cubrir una herida.

Es una marca registrada por "tiritas" en España; "curitas" en otros países. Los ingleses lo llaman *sticking plaster* o *plaster*. También se emplea como parche, arreglo, chapucilla: *The auto industry needs more than just a band-aid to fix the problems it has*, la industria del automóvil necesita más que una chapuza para arreglar los problemas que tiene.

BANK HOLIDAY – Fiesta nacional inglesa.

Se denomina así a las fiestas nacionales en el Reino Unido y otros países. *Good Friday*, viernes santo, es un *bank holiday*. También lo es el 25 de diciembre, *Christmas*. El uno de enero es otro *bank holiday*.

BASIC ENGLISH – Inglés simplificado.

En vez de inventarse una nueva lengua universal, como las ya existentes Volapuk y Esperanto, C.K. Ogden decidió en 1929 simplificar el vocabulario y la gramática de la lengua inglesa que llamó *Basic English*. El vocabulario consiste en 850 palabras con las cuales es posible comunicarse de manera simple y sin grandes pretensiones. No ha tenido éxito.

BAWL – Regañar y sus muchas posibilidades.

Llorar, berrear, gritar, regañar. Como a todo el mundo le gusta dar reprimendas - regañar, dar regañinas- tenemos estas frases y verbos dónde elegir:

To bawl out, To dress down, To give someone a good talking to, To tell off, To give someone the works, To chide, To scold, To nag, To reprimand.

B & B - ¿Hotel, hostal?

Quiere decir *Bed and Breakfast* en ambos lados del Atlántico, pero no es igual. En los Estados Unidos *B & B* son formas hoteleras caras y lujosas, especialmente caras si las comparamos con Europa. En el viejo continente los B&B son sitios económicos. Pero recordemos que esto de caro o barato siempre depende del dinero que uno tenga. Advierto.

BCC – En el correo electrónico.

Quiere decir *blind carbon copy* o copia oculta, en el correo electrónico. El destinatario no sabe que hemos mandado copia del escrito a una tercera persona.

BEST – Cómo usar esta palabra.

Los dos mejores siempre será *the best two*.

The best two teams.

The best three players.

You are the best.

The best five minutes of my life, los mejores cinco minutos de mi vida.

The best years of our life, los mejores años de nuestra vida.

To like best, que más gusta: *I like the blonde best*, la rubia es la que más me gusta.

Consumir preferentemente antes de…: *Best before…*

Good, better, the best, bueno, mejor, el mejor.

At best, en el mejor de los casos. *This will cost you a fine, at best*, esto te costará una multa, en el mejor de los casos.

BIBLE BELT – Zona ultrarreligiosa del sur de los Estados unidos.

Zona que abarca casi todos los estados del sur de la unión donde impera el cristianismo protestante, con muchas denominaciones. Sus habitantes son conservadores evangélicos, estrictos y poco tolerantes. Suelen ser de baja cultura y dados a las armas de fuego, a la bebida y a desplegar la bandera en el jardín. Son los que apoyaron a Trump.

BILL OF FARE – Carta de restaurante.

Carta, menú, en restaurantes, lista de las comidas, también es *menu. Fare* es, claro, comida. → **menu**

BILLION – Cuidado, no es un billón.

Como todo cambia y la influencia de las maneras norteamericanas tienen tanto peso en el Reino Unido, ahora *a billion* es, como en los Estados Unidos, mil millones (1,000,000,000) y no un millón de millones (1,000,000,000,000) como en España. Hay que ir con cuidado porque hay mucho en juego.

Los plurales son *2 billion, 4 billion.* Si no lleva cifra, *billions: This bank owes billions.*

BIRTH – Nacimiento.

Fecha de nacimiento puede ser *date of birth* o *birthdate.* Sin embargo *birthday* es el aniversario del nacimiento, o cumpleaños. Y podemos desear: *Happy birthday to you* o mejor: *Many happy returns of the day,* que es un deseo más amplio.
Lugar de nacimiento: *place of birth* o *birthplace.*
By birth de nacimiento: *He is a New Yorker by birth,* es neoyorquino de nacimiento. *He is a Spaniard by birth,* es español de nacimiento.

Y como en castellano se dice: *Es tonto de nacimiento*, en inglés hay que expresarlo de otra manera: *He's a born fool.*

BLACK HUMOR - Humor negro inglés.

O humor negro, también se le conoce como *gallows humor*: humor patibulario, de *gallows*, patíbulo, horca. También *dark humor*.

Un pequeño ejemplo tomado de Jack Handy, de su libro *Deep Thoughts*: "When life gives you lemons, make lemonade, pee in it, and serve it to the people that piss you off." (*Lemon*: defectuoso, malo. *To pee*, hacer pipí. *To piss off*, jorobar, encabronar.)

En el Chicago Sun Times, 23 de marzo, 2010, el Presidente Obama dijo en una entrevista: "There's got to be a little gallows humor to get you through the day." → gallows humor

BLACK ENGLISH → African-American English.

BLANK / WHITE – Diferencias de significado y uso.

Blank en blanco. *White*, blanco. *This white page is blank*, esta página blanca está en blanco.

BLUE – Azul y sus matices.

Blue, azul, tiene muchos matices: *light blue*, azul claro; dark *blue*, azul oscuro; *navy blue*, azul marino; *sky blue*, azul celeste, cerúleo... *The blue*, es el cielo.

Triste, apagado, melancólico: *Mary feels blue today. Are you ok? You look a bit blue this morning..*

Indecente, pornográfico, verde: *A blue joke, a blue film.*

Out of the blue, de repente, de buenas a primeras: *The job offer came out of the blue.*

A blue blood es un sangre azul, un aristócrata.

A blue-collar worker es un trabajador manual, un minero, mecánico, por ejemplo. Lo opuesto es *a white-collar worker.*

Baby blues son ojos de color azul claro: *I almost melted when she looked at me with her baby blues.*

Black-and-blue, moratones: *My body had black-and-blue marks all over after I fell.*

The blue, la poli, por los uniformes casi siempre azules: *He works for the blue.*

True-blue, legal, acérrimo, empedernido: *A true-blue democrat.*

BLOODY – Maldición británica.

Un expletivo típicamente británico y de baja estofa equivalente a puñetero, de mierda, puto, de los cojones, jodido, del idioma castellano, como en los ejemplos:

Bloody angry, Bloody drunk, He's a bloody bastard, You're a bloody bitch.

Con la relajación de las costumbres, ha perdido fuerza y ya no suena tan ofensivo o tan chocante como antaño pero es mejor no emplearlo ni siquiera para poner énfasis. En los Estados Unidos significa solo *sangriento, sanguinario*: *A bloody dictator*, un dictador sangriento, sanguinario; *a bloody handkerchief*, un pañuelo sanguinolento; *a bloody nose*, una nariz con sangre.

Quizá *fucking* haya tomado el relevo: *a fucking boss*, *a fucking teacher.*

BOOZE – La bebida alcohólica.

Booze, por bebida alcohólica, es coloquial desde por lo menos 1500. ¿Trinqui? ¿Morapio? ¿Botella? ¿Vino? ¿Vinazo? ¿Bebida?

"... fueled by booze and drugs, his life had degenerated..." (*People Weekly*, January 11, 1999.)

La gente elegante toma bebidas, copas, *drinks*; los pelanas, los pelagatos, los atorrantes, le pegan al *booze*.

BORN – De nacimiento.

De nacimiento:

A born fool	tonto de nacimiento
A born liar	mentiroso rematado
A born loser	perdedor nato
A born actor	un actor nato
A born teacher	un profesor nato
A born dancer	un bailarín nato.

BOXING DAY – Festividad británica.

Fiesta que se celebra el 26 de diciembre en el Reino Unido, Australia, Nueva Zelanda y Canadá, como costumbre de dar a los más necesitados. Una especie de *aguinaldo* español. Las familias pobres recibían regalos en un *box*, o caja. Esta fiesta no se celebra en los Estados Unidos. Allí los pobres se chinchan.

Pero todo cambia: "LONDON (Thomson Financial) - The new trend towards Boxing Day shopping has resulted in a fall in the number of shoppers out on Dec 27..."

BRAND – Marca.

Marca, de productos no mecánicos: *a brand of toothpaste, a brand of cookies*. Famous brands are *Apple, Google, Coca-Cola, Microsoft*. Para el resto diremos *make*.

Brand new, flamante, completamente nuevo.

BREAKFAST – Desayuno.

Pocos parecen saber que la palabra *breakfast* está formada por dos: *break*, romper y *fast*, ayuno. *To fast* es ayunar. Podemos así añadir una palabra más a nuestro vocabulario, sin esfuerzo. Por cierto que *to breakfast* es desayunar: *Yesterday I breakfasted very early*, ayer desayuné muy temprano, y no es necesario decir *Yesterday I had breakfast very early*.

BREAKFAST, FULL ENGLISH – Desayuno inglés completo.

Es la única aportación inglesa a la gastronomía internacional. El *full English breakfast* está compuesto de huevos fritos, salchichas, tocino, tostadas, mermeladas, zumos de frutas y café. Es una comida completa. El resto de la cocina inglesa se la pueden quedar, y que les aproveche.

BRITISH DIALECTS – Dialectos británicos del inglés.

El idioma inglés en el Reino Unido ofrece más variantes dialectales que otros países de habla inglesa. Esto complica las cosas a la hora de comprender lo que se nos dice. Bill Bryson cita a mi antiguo profesor de la Universidad de Pittsburgh: "Mario Pei puts the number of dialects as nine in Scotland, three in Ireland and thirty in England and Wales." No debemos asustarnos si no entendemos lo que nos dice un inglés. Están cosas pasan.

BRITISH ENGLISH → American English → pronunciation → received English

BROKEN ENGLISH – Inglés macarrónico.

Es el inglés macarrónico, plagado de faltas gramaticales, sintácticas y de pronunciación que emplean los extranjeros de poca cultura. También se denomina *fractured English.* Ejemplos: *You like enchiladas, no? People is always complaining. You don´t know nothing. You speaka da Englis, no?* Los principales hablantes de este inglés son los portugueses, los italianos, los griegos y los españoles. Los que se denominan PIGS en Europa. →
pidgin English

BRUNCH → meals

B.S. *Bachelor of Science.*

BUS – Autobús.

En los Estados Unidos un *bus* se refiere a un autobús urbano e interurbano, indistintamente. No se emplea el término *coach* para largos recorridos.

BUSINESS – Negocios y asuntos.

Quizá sea la palabra más representativa de la lengua inglesa. El presidente norteamericano Calvin Coolidge dijo "The business of America is business."

Business is business es la expression más nefasta que se ha inventado para justificar el timo, la estafa, la explotación y todo tipo de tropelías, que implica que en los negocios la ética y la moral no existen.

Negocio, empresa: *My business is doing well*, mi negocio marcha bien.

Asunto: *This is not your business*, esto no es asunto tuyo. *It's my business to keep an eye on you*, es asunto mío vigilarte. *All this business makes my angry*, todo este asunto me enfada.

Ventas: *Business is good today*, las ventas van bien hoy.

Dedicarse: *What line of business are you in?* ¿A qué se dedica usted?

Small business. Pequeña empresa.

To mean business. Ir en serio. *Be careful with him, he means business*, cuidado con él que va en serio.

To get down to business. Poner manos a la obra. *Let's get down to business and fix this*, pongámonos manos a la obra y arreglemos esto.

To mind one's own business. No meterse uno donde no le llaman. *Don't tell me what to do and mind your own business*, no me digas lo que tengo que hacer y no te metas donde no te llaman.

To give someone the business. Dar una reprimenda, poner a parir. *The boss gave Robert the business*, el jefe le dio una reprimenda a Roberto.

BUSINESS DISTRICT – Concentración de negocios.

En los Estados Unidos suele ser el centro commercial o de negocios de cualquier ciudad. O simplemente el centro, donde hay tiendas, restaurantes, hoteles… carteristas, mendigos, estafadores, putas. También se conoce como *The city*.

BUSINESS ENGLISH - ¿Inglés negocieril?

Esta tomadura de pelo, esta facecia que se emplea para explotar a los incautos incultos haciendo que se apunten a cursillos para aprender este idioma inexistente, podría ampliarse a *Medical English, Sports English, Engineering English, Artistic English, Ballet English…* y todo tipo de *English* que quisiéramos.

Podríamos enseñar a los extranjeros *Torero Spanish, Tapas Spanish…*

42

Que no le engañen y le vendan vocabulario y jerga a precio de idioma.

BUSINESS SUIT – Traje-uniforme de oficinistas.

Así se denomina al traje oscuro, negro, azul marino oscuro, que llevan los *businessmen* en los Estados Unidos.

CAB – Taxi.

O *taxicab*, *taxi*, coche de alquiler con conductor, taxi. La etimología es de *cabriolet*, cabriolé en castellano, antiguo coche de caballos. *A cab driver*, taxista.

CAFÉ – Lugar donde beber café.

No es una bebida, sino un local, un café, un pequeño restaurante. En un lugar así podemos tomar *coffee*, entre otras cosas. También se dice *coffee shop* o *coffeehouse*.

CAFETERIA – No significa lo que parece.

No es una cafetería, así por las buenas, sino restaurante autoservicio, donde los parroquianos se sirven en el mostrador y llevan la comida a la mesa. También se traduce por *comedor* si esta *cafeteria* se haya en una empresa, escuela, universidad: *the school cafeteria*, el comedor del colegio.

CANDY – Golosinas.

A esto los británicos le llaman *sweets*, que en ambos casos son golosinas, caramelos, chucherías, porquerías para estropear el estómago.

Candy floss o *cotton candy* es en castellano peninsular algodón de azúcar.

A candy ass es un cobardica, un miedica, un "cagao".

CAPITALS – Las mayúsculas en inglés.

Mayúsculas. Se emplean en:

— **Idiomas**: *English, French, Spanish, German, Italian*. (En castellano no: inglés, francés. En España los "profesores" y academias de idiomas escriben "Aprenda usted Inglés con nosotros" con gran desparpajo y con el beneplácito y aplauso general.)

— **Meses del año**: *May, June, September, December*. (En castellano, no: enero, marzo, mayo.)

— **Días de la semana**: *Friday, Monday, Sunday, Tuesday*. (En castellano, no: lunes, viernes, domingo.)

— **Nombres propios**: John, Peterson, London, Hudson, Madrid. (Como en español.)

Esto es tan importante que para deletrear *Monday* se dice: *Capital M*, y luego *o, n, d, a, y*. (Escribir *monday* es una falta de ortografía, *a spelling mistake*. Los títulos de libros también *The Secret Agent, The Rise and Fall of the Roman Empire*. (Los británicos no siguen esta norma.)

No utilice mayúsculas en *south, north, east*. Tampoco lo haga con las estaciones del año: *winter, fall, summer, spring*.

El resto no presenta graves problemas y el sentido común nos guiará siempre. Y cuando tenga dudas consulte un diccionario inglés-inglés.

Uppercase, mayúscula.

Lowercase, minúscula. Ambas palabras también son verbos.

Caps significa *capitals*.

El verbo es *to capitalize*: *Google is often capitalized*, Google a menudo se escribe con mayúscula. *Internet* se suele escribir con mayúscula en los Estados Unidos pero no en otros países de lengua inglesa. *Consistency* es lo que debemos tener en nuestros escritos.

Si quieres que te tomen en serio cuando escribes en inglés, no te olvides de las mayúsculas.

CAR – Coche y su diferente vocabulario.

Las diferencias en terminología automovilística entre los Estados Unidos y el Reino Unido son interesantes e importantes. La palabra automobile se oye más en los Estados Unidos que en el Reino Unido, lo cual no deja de ser chocante.

US	UK	España
Back up lights	*reversing lights*	luces de marcha atrás
Battery	*accumulator*	batería
Gas(oline)	*petrol*	gasolina
Gear shift	*gear stick*	cambio
Generator	*dynamo*	generador
Glove compartment	*cubby box*	guantera
High gear	*top gear*	marcha directa
Hood	*bonnet*	capó
Muffler	*silencer*	silenciador
Shock absorber	*damper*	amortiguador
Traffic circle	*roundabout*	rotonda
Truck	*lorry*	camión
Trunk	*boot*	maletero
Tire	*tyre*	neumático
Windshield	*windscreen*	parabrisas

CAUCASIAN – Persona de raza blanca.

La television española insiste en traducir (mal) la palabra por *caucasiano* (por *caucáseo*) pero en USA se refiere a la persona de raza blanca, al blanco. Veamos unos ejemplos tomados de periódicos:

Mr Jackson is described as Caucasian, 180cm tall, 100kg, medium build, brown eyes, dark brown hair and clean shaven.

He is described as a tall Caucasian wearing jeans.

In a new study, 2 out of 5 Caucasian women were found to have restless leg syndrome.

The suspects wore masks, but were described as being possibly Caucasian and in their teens to early 20s.

Se emplea cada vez menos pero todavía colea por ahí.

CC – Copia.

Carbon copy o copia, porque antaño se empleaba el papel carbón para hacerlas.

CELSIUS – Centígrados.

Para convertir Celsius a Fahrenheit, doblar el número Celsius y añadir 30. → Fahrenheit

CENT → dollar

CEREAL – Cereales.

Los cereales que la gente toma ahora para el desayuno en inglés es *cereal*, en singular. *For breakfast I have cereal and a piece of toast*, para el desayuno tomo cereales y una tostada. *Breakfast cereal*, cereales para el desayuno.

CHAIRMAN – Presidente.

Presidente, se puede convertir ahora en *chairwoman*, *chairperson* o simplemente *chair*, la presidencia. *The man addressed the chair*, el hombre se dirigió a la presidencia.

CHEAP – Barato y de mala calidad.

Tiene el significado de barato, que cuesta poco: *A cheap hat, words are cheap, talk is cheap.* También tiene la connotación de despreciable, de poca estima o valor: *Cheap workmanship, cheap restaurant, a cheap prostitute, cheap perfume.*

También miserable, tacaño, agarrado: *My father is too cheap to buy us presents,* mi padre es demasiado tacaño para comprarnos regalos.

On the cheap, en plan barato: "The war could not be fought on the cheap." Washington Post, 25 May, 2010.

CHECK – Talón, cheque, cuenta.

Un cheque, un talón, es un "mandato escrito de pago, para cobrar una cantidad determinada de los fondos que quien lo expide tiene disponibles en un banco" y que los británicos escriben *cheque.*

Checks bounce, rebotan, cuando no hay fondos en la cuenta, porque son *rubber checks,* talones malos, sin fondos. De todas formas, esto de los cheques bancarios ya es cosa del pasado.

Dar cheque sin fondos se llama *to fly kites,* lo cual es un delito, claro.

El símbolo ✓ también se llama *check,* y el verbo *to check* significa comprobar.

To check out and *to cash in one's checks* son eufemismos por morir, estirar la pata, pasar a mejor vida: "If you get found, you check out. See you in the morgue." (Raymond Chandler, *The Long Goodbye,* 1953, in DE.

De todas formas me da la impresión de que estos cheques, talones, tienen los días contados, si es que no han desaparecido ya. Yo, por ejemplo, ni siquiera tengo talonario (tampoco tengo dinero, claro).

Waiter, the check, please, camarero, la cuenta, por favor.
To check, comprobar: *When in doubt, check it out.*

En el ajedrez, *to check* es dar jaque. *Check mate,* jaque mate. El jaque del pastor en inglés se denomina *scholar's mate.*

CHEMIST - ¿Químico o farmacéutico?

In the UK a chemist is a *farmacéutico.* In the US a chemist is a person who studies or does research in the science of chemistry.

CHESS – Ajedrez y su terminología.

Chess board	Tablero de ajedrez	*Bishop*	Alfil
Chess player	Jugador de ajedrez	*Knight*	Caballo
Square	Escaque	*Rook*	Torre
King	Rey	*Pawn*	Peón
Queen	Reina		

To rook, enrocar. *Check,* jaque. *Check mate,* jaque mate. *To move,* mover. *Draw,* tablas.

Opening, apertura.

Stale mate, tablas por ahogamiento. *To resign,* abandonar. *Scholar's mate (schoolboy's mate),* jaque mate del pastor.

Si tocas una pieza, la mueves. Esto es el *touch-move rule.*

Si antes dices *j'adoube (I adjust)* puedes tocarla apara ajustarla. En castellano *compongo.*

CHICANO – Palabra estadounidense.

Americano de origen mexicano. → **Hispanic**

CHRISTIAN NAME – Nombre de pila.

Nombre de pila, que también es *font name*, o *given name*, o *first name*. Naturalmente que lo de *Christian name* se emplea solo para cristianos, y no para musulmanes o judíos.

CHRISTMAS – Navidad.

Navidad. Y *Christmas Eve*, nochebuena (*eve* es por *evening*). *Christ* se refiere a Cristo, y *mas* a *mass*, misa. Ahora se escribe también *XMAS*, lo cual no es tan tonto como parece ya que la X ha sido siempre símbolo de Cristo y del Cristianismo. La Misa del Gallo es *Midnight Mass*, para los católicos. *New Year's Eve* es nochevieja.

CINEMA – Sala de cine, cinema.

Es un cine en Inglaterra, o sea: una sala donde se proyectan películas. En los Estados Unidos diremos *movie theater* o *movies* (también *movie house*): *Shall we go to the movies tonight?* Ahora *movies* también se emplea en el Reino Unido en la conversación corriente. Estos ingleses son unos copiotas. *A movie star* es una estrella de cine.

Cine viene del griego *kiné* que significa movimiento. *Movies* significa lo mismo, del verbo *to move*.

Los *movie theaters* están de capa caída con las últimas tecnologías que todo lo cambian.

CLASS PERIOD – Clase.

Una sesión de instrucción o de enseñanza. *I have three class periods today*, tengo tres clases hoy.

CLICHÉS – Clichés o frases hechas.

Clichés son frases hechas, estereotipadas, que a fuerza de repetirse han perdido todo su encanto. Existen en todos los idiomas, pero representan pobreza y pereza en el hablar y escribir. Veamos:

All things considered	Considerándolo todo
That is to say	Esto es, es decir
Her own worst enemy	Ella es su peor enemiga
It goes without saying	Ni que decir tiene
Every Tom, Dick and Harry	Cualquier hijo de vecino
The light at the end of the tunnel	La luz al final del túnel
So to speak	Por así decir
To be perfectly honest	A decir verdad
Having said that	Dicho esto
You know	Sabes
With all due respect	Con todos mis respetos
Have a good one	Que lo pases bien
To tell the truth	A decir verdad
Iron constitution	Constitución de hierro
Poor but honest	Pobre pero honrado

CLIENTS / CUSTOMERS / PATRONS / PATIENTS / GUESTS – Diferencias.

Si hablamos con propiedad:

Lawyer, accountants, prostitutes tienen *clients.*

Shops, stores, tienen *customers.*

Restaurants, tienen *patrons.*

Doctors tienen *patients.*

Teachers tienen *students.*

Hotels tienen *guests* y *patrons.*

Buses, trains, tienen *passengers.*

COACH – Entrenador.

El nombre *coach* significa instructor, entrenador, hasta profesor porque es el que entrena y dirije a alguien en una disciplina. *To coach* es entrenar. En castellano este vocablo ha adquirido un significado rarísimo, por lo menos para mí, y oímos *soy life coach*, por ejemplo. *Life coach?* Otros dicen que enseñan *life coaching*. Nosotros no haremos eso y seremos serios. Que los otros hagan el ridículo todo lo que quieran.

COMMON LAW – Derecho consuetudinario.

En cuestiones de derecho, leyes y legislación, Inglaterra fue por otro camino mientras Europa hacía códigos de todo tipo, en un afán de uniformidad. El *Common Law* impera en los países anglosajones.

El *common law* es el derecho de las costumbres, de lo que se dicta en juzgados y que crea precedentes. Si una pareja proclama que viven juntos, que están casados… a los ojos de todos y de la ley, están casados legalmente, aunque no hayan firmado contrato matrimonial alguno. La costumbre y los precedentes mandan, ya que no hay código escrito alguno. Los jueces hacen la ley con sus sentencias. Y la costumbre impera, no el código escrito que no existe.

CO-ED – Chica universitaria.

A co-ed (también *coed*) es una chica que estudia en una institución educativa mixta (*coeducational*), especialmente en una Universidad. Se podría traducir por *universitaria. My son is going out with a pretty co-ed from Harvard*, mi hijo sale con una guapa universitaria de Harvard.

COFFEE – Café para beber.

Es un líquido negro que bebemos que también se llama *java*, y que siempre debe ir acompañado de la palabra "cup": *A cup of coffee*. "He was offered a cup of coffee soon after boarding." The Desert Sun, 14 May, 2010.

"McDonald's can't protect every clumsy customer that drives a car with a scalding hot cup of coffee between their legs." PCWorld, 14 May, 2010.

"I would visit my grandparents on Sunday mornings and enjoy a cup of java – heavily laden with milk and sugar, mind you – with my grandfather." St. Louis Globe-Democrat, 11, May, 2010.

Black coffee es café solo.

Coffee with cream es café con leche, con poca leche.

COLLEAGUE / MATE – Diferencias y usos.

Colleague es un asociado, compañero, colega. *Mate* es lo mismo pero tiene más posibilidades: *classmate, roommate, playmate, bedmate, workmate, officemate*, etc.

Soul mate es alma gemela. *We are soul mates*, somos almas gemelas.

COLLEGE / UNIVERSITY - ¿Diferencias?

Un *college* es una universidad pequeña que no confiere títulos superiores, como el doctorado. Una universidad es una institución más grande que confiere doctorados. La Universidad de Oxford la forman una serie de *colleges*. En los Estados Unidos hay *colleges* de excelente reputación y de un estándar educativo impecable y muy alto, como *Franklin and Marshall*

College, en Lancaster, Pensilvania. También existen los llamados *community colleges* que ofrecen estudios de dos años y confieren certificados, *associate degrees*. Las universidades *Ivy League*, que se suponen las mejores, o que tienen más prestigio en la mente popular, y las más antiguas y ricas de los Estados Unidos son: Brown, Columbia, Cornell, Dartmouth, Harvard, Pennsylvania, Princeton, y Yale. Dartmouth es un *college*, Dartmouth College.

En el Reino Unido un *college* puede ser también un colegio, escuela. Y en el Canadá un *college* es el equivalente a un *community college* de EE.UU. → students

COLLEGE EDUCATION – Carrera universitaria.

Titulación superior, licenciatura, estudios universitarios o superiores. *He is truly stupid and yet he has a college education*, es verdaderamente estúpido y sin embargo tiene una licenciatura.

COLLOCATION – Colocación sin sueldo.

Una colocación se refiere a dos o más términos o palabras, unidades léxicas, que suelen encontrarse juntos siempre: *crystal clear, fast food, a quick shower, excruciating pain, commit suicide, burst into tears, a pack of cards, from dawn till dusk, next few days, close a deal, close a meeting, come to the point, a bunch of carrots, catch a cold, catch a bus.*
Nunca diríamos *fast shower* o *quick food*. Sonaría extraño.

COLORS – Los colores y sus significados.

Los colores tienen significados diferentes en distintos idiomas. En inglés *yellow* significa cobarde. *Blue* expresa tristeza, depresión y obsceno o pornográfico: *I'm blue today, a blue film.* El enfado lo expresa el rojo, *red*, como en *I see red. Green* es inmaduro, principiante. Y también podemos estar verdes de envidia, *green with envy*. Podemos ponernos blancos de ira o miedo, *white with rage* o *fear. Black* representa tristeza, pesimismo: *a black future, to see everything black, black humor. Rosy* es alegre, optimista: *rosy future.* Con *pink* tenemos la expresión *tickled pink*, encantado, encantado de la vida: *We are **tickled pink** to write a check for $1154.99 to Susan*, estamos encantados de la vida por extenderle un cheque de 1154,99 dólares a Susan.

COMMERCIAL – Anuncio televisivo.

Anuncio en televisión. *She appeared on a TV commercial.* En otra parte *advertisement* o *ad.*

COMPLIMENTS & THANKS – Cumplidos y agradecimientos.

A todos nos gusta oir cumplidos y piropos. No cuestan dinero y podemos alegrar a alguien con alguna expresión como:

You look great.
That's a nice tie you are wearing.
I like your shoes.
You look like a million dollars.
Your English is very fluent.
You have done an excellent job.
Thank you very much for calling.
It's always nice to talk to you.
Congratulations on a great job.
Nice seeing you, meeting you.

Thanks a lot -a bundle, a bunch- for your patience with me.

I just love English cooking. (Esto quizá sea pasarse un pelín, y corremos el riesgo de reventar de risa.)

You are such a good cook.

Supper was delicious.

COMPOUND WORDS – Palabras compuestas.

La lengua inglesa, como la castellana, forma muchas palabras nuevas juntando varias ya conocidas: coliflor, agridulce, bajamar, contradecir, por ejemplo. Veamos algunas de las miles que existen en inglés y que son fáciles de recordar:

Flowerpot	maceta
Eyelid	párpado
Handbag	bolso
Afternoon	tarde
Newstand	quiosco
Armchair	sillón
Eggplant	berenjena
Farmhouse	casa de labranza
Graveyard	cementerio

CONTEMPORARY ENGLISH → ENGLISH, CONTEMPORARY

CONTRACTIONS – Contracciones habladas y escritas.

Dos palabras fusionadas en una, como *I'm, won't*. Siempre se contrae un pronombre, sujeto, y un verbo o la palabra *not*. Las contracciones son parte del idioma inglés y son cosa normal y corriente en el habla y en la escritura informal. Quizá debiéramos evitarlas en escritos formales, en mi opinión. Veamos:

Are not	*aren't*	*There is, has*	*there's*
Cannot	*can't*	*They would, had*	*they'd*
Did not	*didn't*	*They will*	*they'll*
Does not	*doesn't*	*They are*	*they're*
Do not	*don't*	*They have*	*they've*
Had not	*hadn't*	*Was not*	*wasn't*
Has not	*hasn't*	*We would, had*	*we'd*
He would, had	*he'd*	*We will*	*we'll*
He will	*he'll*	*We are*	*we're*
He is, has	*he's*	*We have*	*we have*
I would, had	*I'd*	*Were not*	*weren't*
I will	*I'll*	*What is*	*what's*
I am	*I'm*	*where is*	*where's*
I have	*I've*	*who would, had*	*who'd*
Is not	*isn't*	*who will*	*who'll*
It is	*it's*	*who is*	*who's*
Let us	*let's*	*will not*	*won't*
She would, had	*she'd*	*would not*	*wouldn't*
She will	*she'll*	*you had, would*	*you'd*
She is, has	*she's*	*you will*	*you'll*
Should not	*shouldn't*	*you are*	*you're*
That is, has	*that's*	*you have*	*you've*

Debemos evitar hacer contracciones raras con *how, when, why*: *why're you here? When's he coming?* Al escribir no haga contracciones con los días de la semana y meses del año: *She left on the last Mon. of Sept.* sino *She left on the last Monday of September.* Para rematar: en escritos formales es mejor no hacer contracciones que puedan hacer dudar al lector. En notas familiares todo vale, hasta faltas de ortografía.

N.B. *I'd* es una contracción peligrosa y antes de emplearla deberíamos asegurarnos de si es *would* o *had*.

CONVENIENCE STORE – Tienda de "chinos"

En los Estados Unidos son tiendas pequeñas donde venden casi de todo y están abiertas siempre. Están cerca de casa y se las conoce también como *mini-market* o *minimart*. En España están regentadas por chinos y la gente va al "chino" a comprar una cerveza.

COOK – Palabra que confunde.

En inglés corriente y moliente, *a cook* es un cocinero. Así como suena. Y *a cooker*, es un aparato, como un *pressure cooker*, olla exprés, para cocinar.

Los norteamericanos hacen sus guisotes en *stoves* y los ingleses sus comistrajas en *cookers*.

A person who paints is a painter, a person who writes is a writer, a person who dances is a dancer ... Pero *a person who cooks is a cook*. ¿Queda claro?

COOL – Palabra comodín.

Cool tiene el equivalente de guay en España, en Venezuela sería chévere, etc. *That is a cool tie you are wearing*. "It was very cool at first, but after awhile..." *MAD*, April, 2000.

CORN – Diferente en el Reino Unido.

Corn es maíz en los Estados Unidos, Canadá, Nueva Zelanda y Australia. En el Reino Unido la palabra se refiere a trigo o a avena, y para hablar de maíz dicen *maize*.

Un *corn* también es un callo, en un pie, por ejemplo.

CORNY – Cursi y mucho más.

Hortera, sentimentaloide, sensiblero, archisabido, poco sofisticado. Hablamos de *a corny joke*, *a corny film* o incluso de *a corny person*.

A corny joke: "Sir, are you married? No, I'm happy."

Otro *corny joke*, por si no has pillado el anterior, es: "Why was 6 afraid of 7? Because 7, 8, 9."

CRAP – Mierda y más.

Crap tiene varios significados: excremento, caca (*dog crap*), basura, suciedad (*my office desk is full of crap*), o bobadas, chorradas (*I don't believe that crap*). "Do you believe this crap?" *MAD*, April, 2000.

A pesar de que se emplea mucho, sigue siendo de mal gusto.

"Absolute crap!" *Today*. (London: News Group Newspapers Ltd, 1992).

CRAZY – Chalado, loco.

Like crazy, *like mad* mucho, muchos y deprisa: "It's selling like crazy." *Gentleman's Quarterly*, January, 2000.

They are working like mad, trabajan como locos.

He is running like mad, crazy, corre como un loco.

También se podría traducir por enloquecido, loco por: *She's man crazy. Peter's car crazy.*

CREAM – Nata, leche.

La leche para el café siempre se denomina *cream*, en los Estados Unidos.

The cream, la flor, la nata: *the cream of New York society*.

CRONYISM – Amiguismo pero en inglés, que también existe.

Esta palabra es la mejor para traducir "amiguismo", la práctica de favorecer a los amigos en el trabajo, en la política y en la vida en general.

CRUMMY – Cutre.

Significa cutre: *A crummy job, a crummy restaurant, a crummy teacher.* "The company makes crummy, overpriced cars and overpays the union slackers who make the crummy cars." ABC News, 3 June, 2011.

CRUTCH – Muletillas conversacionales.

Una muletilla, un bordón conversacional. Es la palabra que repetimos como latiguillo: vale, ¿sabes?, ¿comprendes?... que en inglés es *OK, you know, all right, right?* También el sonido *uh*, o *er* que se emite entre palabras a manera de relleno, *fillers,* mientras piensan lo que van a decir. Costumbre fea.

CUNT – Coño.

El coño, *cunt*, está en la lengua inglesa desde 1275 y no hay otra palabra para designar la vagina, la vulva de la mujer. A pesar de todo esto y de su antigüedad sigue siendo una palabra prohibida en los círculos *bien*.

Un eufemismo finolis es *pussy*, que se supone que es más elegante.

El hispanohablante confunde a veces el sonido de *cunt* y *can't*, con desastrosas consecuencias. Esos dos sonidos, tan distintos, hay que dominarlos bien. Se encuentran en pares como:

fan	*fun*	*rat*	*rut*
lack	*luck*	*mast*	*must*
hat	*hut*	*damp*	*dump*
ham	*hum*	*dan*	*done*
bat	*but*		

Cunt no se emplea como exclamación –en castellano peninsular sí- y es simplemente una definición, y un insulto al referirse a una mujer.

CURRICULUM – Curriculum.

Tiene *curricula* como plural. En los Estados Unidos se emplea más *résumé,* o *resumé* que *curriculum vitae* o cv., C.V., *Send us your full résumé as soon as possible*, mándenos su curriculum completo tan pronto como sea posible.

CUTE – Monada, preciosidad.

Mono, monada, encanto: *She is very cute*, es muy mona. *What a cute baby!* ¡Qué bebé más mono! *How cute*, qué mono.

DAIRY – Lácteos.

Milk and cheese products are dairy products. A dairy is a place where such products are produced or stored.

DAMN – Maldición.

Una pequeña interjección, *maldito, maldición*, que todavía se considera tabú en los círculos bien. Como aún tiene la capacidad de sorprender, se sigue empleando. En *Gone with the Wind*, *Lo que el viento se llevó* (1939), Clark Gable dice: "Frankly, my dear, I don't give a damn!" que le costó al productor 5.000 dólares de multa. *Not to give a damn*, no importarle a uno un carajo.

Damn se emplea como intensificador, equivalente a *very*. La gente habla del *damn weather; the damn car broke down; damn it, damn you.* O sea, que se emplea muchísimo, pero en mi opinión el extranjero debería abstenerse.

DASH / HYPHEN – Guión ortográfico.

En ambos casos guión. *Hyphen* para unir/separar palabras: *a two-day class. Dash*, para el resto: *He likes everything –of course!*

Un buen ejemplo del uso del *hyphen* sería: *A man eating chicken* es un hombre que come pollo.

A man-eating chicken es un pollo que come hombres, comedor de hombres.

El *hyphen* no lleva espacio ni antes ni después.

DATES – Fechas.

Fechas. Recomiendo escribir siempre *5 June 2020,* así no hay posibilidad alguna de error. También podemos escribir *June 5, 2020.*

1st of July. The 4th of July. The 3rd of May. My birthday is the 16th of September o *September the 16th.*

Los británicos escriben: 5/6/2010, como los españoles, primero el día, luego el mes y después el año. Los norteamericanos 6/5/2010: primero el mes y luego el día. Cuidado con esto porque podemos llegar tarde a una cita, o demasiado pronto. Y no olvidemos que *dates* son dátiles también.

DAY – Fraseología con día.

Ojo con esto que es muy importante:

Todo el día   *all day*
Todos los días   *every day, everyday*
Todo el (santo) día   *the whole (blessed) day*

Days of the week, días de la semana. *Day and night*, día y noche. *Daylight*, luz del día. *Day after day*, días tras día. *Not to give the time of day*, no dar ni los buenos días (por tacaño). *All day long*, todo el día. Pero *all year round*, todo el año.

DAYS OF THE WEEK – La semana y sus días.

Monday, Tuesday, Wednesday, Thursday, Friday, Saturday, Sunday. Se emplea *on* o nada: *I will see her on Monday, I will see her Monday.* Siempre se escriben con mayúscula. En castellano no: el lunes, el martes. *Sunday* es el primer día de la semana según los calendarios tradicionales, pero en español el primero es el lunes. Sin embargo el calendario internacional ahora dicta que el *Sunday* sea el primero.

D.C. → District of Columbia

DEAR – Palabra inocua de mucho uso.

Es costumbre comenzar una carta con *Dear Sir*, que viene a corresponder al castellano *Muy señor mío*. Si escribimos a una mujer: *Dear Madam.*

También podemos escribir: *Dear Mr. Smith.* O si no sabemos nombres: *Dear Sirs.*

Dear también significa caro o costoso. *Buy cheap and sell dear. That house is too dear for me*, esa casa es demasido cara, costosa, para mi.

Oh, dear! Es una exclamación equivalente a: ¡cielos! También es una especie de exclamación sin mucho sigificado como en:

Well, my dear, what shall we do?

Es un término afectuoso entre parejas: *Dear, will you do the dishes for me?* Cariño, ¿quieres lavar los platos por mí?

Se puede traducir por encanto: *Your sister is a dear*, tu hermana es un encanto.

DEBATING SOCIETIES – Clubs de declamación.

Muchos colegios y universidades anglosajonas tienen *debating societies* donde se practica el arte del debate. Suelen tener un *debate coach*, un profesor-entrenador que asesora y dirige. Los debates son públicos y dos –a veces dos equipos de dos- alumnos se enfrentan y defienden o rechazan una proposición o tema, que puede ser, por ejemplo: *Should football (soccer) players make so much money?* O, *Should free sex be accepted at universities?*

Los debates fomentan la argumentación, hablar en público, el buen uso del idioma, el pensamiento racional y la capacidad de convencer. Los espectadores son los que deciden quién es el ganador por haber presentado mejor su punto de vista sobre el tema a debate.

Para convencer hay que dominar el idioma y tener práctica en la agumentación.

La más famosa internacionalmente es la de *Oxford University*, que ha defendido siempre el *freedom of speech*, libertad de expresión.

DECISION MAKING – Toma de decisiones.

En castellano tomamos decisiones en inglés *we make decisions*. Y *decision making*, la toma de decisiones, es difícil y compleja.

DEGREE – Título académico.

Título, grado. *I got my degree from Harvard*, obtuve mi título de Harvard. *He has several college degrees*, tiene varios títulos universitarios. *An academic degree*, un grado académico. *Doctor's degree*, el grado de doctor. → **master's degree**

DEMOCRATIC PARTY – Partido demócrata de EE.UU.

It was founded around 1828 and it has a donkey as a symbol. It is supposed to be the champion of the working class, of the poor, and it favors big government and interference with business. On paper it fosters modern liberalism and champions the cause of the underprivileged of all types. Mr. Barak Obama is a Democrat. If we look at it with European eyes we might say that this party belongs to the "left."

DIALECTS → **British dialects**

DICTIONARIES – Los diccionarios y las normas del inglés.

Al no existir -menos mal- una Academia de la Lengua, como en España, los buenos diccionarios son los que marcan la pauta de lo que es correcto, y sirven de patrón y guía para hablar y escribir bien; también para pronunciar, ya que, como sabemos, las palabras tienen a veces diferentes pronunciaciones y ortografías. El principal y reconocido es el *Oxford English Dictionary*, que es, además, un diccionario histórico. Los diccionarios norteamericanos suelen incluir las variedades ortográficas y fonéticas británicas, así como sus acepciones. Los diccionarios británicos no siempre hacen lo mismo con las variantes americanas. El estudioso que maneje el inglés medianamente bien, debe emplear diccionarios solo en esa lengua y recurrirá a los bilingües únicamente cuando quiera saber el equivalente exacto o aproximado. Esta es mi opinión, avalada por años de uso de estas herramientas. Usted haga lo que le plazca.

Cierto es que los diccionarios ya no son lo que eran –nada lo es- y con las ediciones en linea los cambios y adiciones son constantes. El estándar rígido ha desaparecido y se aceptan todo tipo de palabras y expresiones por muy fugaces que sean.

Todos debemos llevar aplicaciones de diccionarios en nuestro teléfono: uno inglés, otro castellano y un tercero bilingüe, como mínimo. Hay muchas aplicaciones donde elegir.

DIE – Morir.

Morir: *to die, died, dying. To die **of** old age, to die **from** tuberculosis.* Pero cuando morimos por una causa *we die **for** our freedom,* morimos por nuestra libertad.

To pass on, to pass away, to check out son eufemismos muy empleados.

DINER – Restaurante pequeño y modesto.

Sitios de comidas rápidas y sin pretensiones que abundan mucho en los Estados Unidos principalmente. También esos lugares que parecen un coche de ferrocarril. Del verbo *to dine. Diner* también es un comensal.

DISH – La comida, el amor y el sexo.

Una mujer atractiva, buenorra, es *a dish: Peter's sister is a dish, let me tell you. Your wife is a dish!*

Esto de asociar la belleza, el amor o la cuestión sexual con la comida es muy inglés. Las palabras de cariño o de admiración hacia el género femenino son de este calibre:

Apple pie, Baby cakes,Buttercup,Cake,Cheescake,Dish, Honey, Honey bunny, Honey pie, Honey pot, Peach, Peaches, Pumpkin, Sugar, Sweet, Sweet pea, Sweetheart, Sweetie, Sweetiepie.

También se oye *dear*.

Las mujeres no asocian a los hombres con la comida ni con el dulce, excepto *sweet, honey, hon*, palabras que se oyen mucho en los supermercados. Específicamente, y para referirse al hombre ideal, las mujeres emplean:

Dreamboat, Flame, Knight in shining armor, Ladies' man, Lady killer, Lover boy, Prince charming, Romeo, Seducer, Stud, Sugar-daddy.

Dish es plato, comida preparada: *they served delicious dishes*, sirvieron platos deliciosos. *To do the dishes*, fregar los platos. *Dishwasher*, friegaplatos.

A knockout, es una mujer despampanante.

DISLIKE – Falso amigo.

Significa no gustar, desagradar: *She dislikes modern art. I dislike Peter. We dislike bad manners.* "Disgustar" sería *to anger, to upset, to displease, to get, make angry*. Me ha disgustado con lo que ha dicho, *she upset me with what she said.*

DISTRICT OF COLUMBIA – Donde se encuentra la capital de EE.UU.

La capital de los Estados Unidos está enclavada en el *District of Columbia*, conocida como D.C. o simplemente *the District*, que no forma parte de ninguno de los estados de la Unión. La rige un alcalde y el gobierno federal.

DOCTOR – Médico.

Médico. También *physician*. *MD*, significa *Medical Doctor. James Killer Butcher, MD.* → **PhD**

DOLLAR – Todo sobre la moneda norteamericana.

Ya hemos visto que muchas expresiones se convierten en clichés a fuerza de uso. Cuando la gente termina el trabajo del día suele decir: *Another day, another dollar,* y quiere decir que se ha ganado un dólar más por el trabajo del día. Claro que con la inflación quizá debería decirse: *Another day, another 100 dollars.* Pero hay variantes para los pobretones: "Another day, another half-dollar,' he said cheerfully." Mike Ripley, *Angel hunt.* (London: Fontana Press, 1991).

Y para los listos: "Another day, another dollar…70,000 to be precise." *Tennis World.* (Sussex: Presswatch, 1991).

En *News of the World*, 5 diciembre, 2009, leemos: "I also have my autobiography coming out next year, called Another Day Another Dollar."

A dollar = 100 cents.
A penny = 1 cent. *To put one's two cents in*, meter uno baza. *In for a penny, in for a pound*, de perdidos al río. Cuando alguien se queda ensimismado, le decimos: *A penny for your thoughts.*
A nickel = 5 cents. *Not worth a nickle*, no valer un real, un chavo.
A dime = 10 cents. *A dime a dozen*, a porrillo, a tutiplén.
A quarter = 25 cents.
Two bits son 25 centavos, *a quarter.*

A la moneda estadounidense se la conoce como *greenback*, por el color verde de los billetes.

DOWNSTAIRS - ¿Necesitamos escaleras por medio?

Abajo, siempre que haya escalera por medio. *The downstairs room*, la habitación de abajo. *I'm going downstairs*, voy abajo. Lo contrario es *upstairs*.

DOWNTOWN – El centro.

El centro de la ciudad, donde están las tiendas, los negocios, oficinas y los *bums*.

DOZEN – Docena y su falta de preposición.

Docena. *I buy eggs by the dozen*, compro huevos por docenas. *A dozen eggs*, una docena de huevos. *A baker's dozen*, son trece y el equivalente español es "la docena del fraile", porque siempre pedían más, como mínimo uno más. No diga ni escriba *of*, simplemente *a dozen*, excepto *dozens of mistakes*, docenas de errores.

DRILL – Ejercicio.

Es un ejercicio y *to drill* es hacer ejercicios, ejercitar o ejercitarse.

Spelling drill, ejercicio de ortografía.
Fire drill, simulacro de incedio.

DROP OUT – Marginado.

To drop out, darse de baja, dejar, es un verbo casi normal. No lo es así el sustantivo *a drop out* que tiene implicaciones muy negativas socialmente: *He's a school drop out*, es uno que no terminó sus estudios, que no hizo el esfuerzo necesario, que no tiene la tenacidad para completar algo. Ahí es nada. Un paria.

"Tim Smit, a drop-out musician-turned-historic garden restorer." Building.co.uk, Dec. 17, 2009.

DUDE – Tipo, tío.

Se aplica a cualquier hombre desde 1966, con un equivalente a *tipo*. No tan fuerte como *guy*, tío, pero muy coloquial, sin embargo. *Hey, dude*, oye tú.

EASTER BUNNY – El conejo de Pascua.

Imaginary rabbit that brings children Easter eggs, chocolate eggs, *huevos de Pascua*.

EASY - Fácil y otras expresiones.

Easy as pie: fácil como coser y cantar. *I can do it alone; it's easy as pie.*

Easy as can be: es pan comido. *Even Jack can do it; it's easy as can be.*

Y, sorpresa, también quiere decir probablemente: *It could easily rain. You could easily win a million.*

EBONICS → African-American English.

EDUCATED – Nada que ver con la urbanidad.

Significa culto, leído. *He is a very educated person*, es una persona muy culta. Educado de cortés y ceremonioso es *polite, well-mannered.* → **manners**

EDUCATION

Cultura, enseñanza. No tiene nada que ver con urbanidad, *manners, good manners. American college education is not what it used to be*, la enseñanza universitaria norteamericana no es lo que era. → **manners** → **college**

E. G. – *Exemplii gratia.*

Significa "por ejemplo", y viene del latín *exemplii gratia.* Cosas de la lengua inglesa. *I like Latin writers, e.g. Cicero, Julius Caesar, Seneca.* (El nativo no sabe lo del origen latino de *e.g.*)

ELEVATOR / LIFT - ¿Cómo y dónde se usan?

Ascensor, elevador. En los Estados Unidos se prefiere *elevator.* En el Reino Unido, *lift.* Pero ambas palabras se entienden bien.

EMBASSY – Embajada y embajador, no confundir.

Embajada, pero el embajador es *ambassador.* Cuidado.

ENGLAND – Inglaterra y el Reino Unido.

Inglaterra forma parte del *United Kingdom* o *Great Britain*, o simplemente *Britain*, formado por Escocia, Gales, Irlanda del Norte e Inglaterra, *Scotland, Wales, Northern Ireland, England.* Un escocés es *British* pero no *English. The English* son los ciudadanos de *England*, nada más. Esto es importante porque a los escoceses, por ejemplo, les desagrada que les llamen ingleses, naturalmente.

England que idílicamente se la denomina, con ortografía clásica, *Merrie Olde England*, ya no es lo que era pero todavía es un bastión de cultura, de ciencia, y de curiosidad por las cosas, insaciable curiosidad.

ENGLISH – El idioma inglés.

Idioma oficial del Reino Unido, Estados Unidos, Canadá, Australia, Nueva Zelanda y otros. Se ha convertido en la lengua franca de muchos países. Es la tercera lengua más hablada en el mundo después del mandarín y el castellano. Su influencia se debe en estos momentos a la pujanza económica, técnica, cultural y tecnológica de los Estados Unidos. Debido a su fonética, el inglés que hablan en muchos países como segunda lengua es casi incomprensible y posiblemente dé origen a idiomas diferentes en un futuro no muy lejano. Quizá tengamos algo parecido a lo que le pasó a la lengua latina. Tratemos de pronunciar como lo hacen los nativos cultos. → pidgin English → broken English → standard English → good English → levels of English →perfect English → plain English → African-American English → American English → British English → business English → English, contemporary

ENGLISH AS A SECOND OFFICIAL LANGUAGE – Idioma oficial pero no propio.

Quiero advertir que varios países (India, Islas Filipinas, Jamaica, Liberia…) han adoptado la lengua inglesa como idioma secundario y oficial. No nos engañemos: ese inglés dista mucho, especialmente en pronunciación, del que se habla en los Estados Unidos o Canadá o Nueva Zelanda. Un indio habla inglés como un indio, con pronunciación de tamil; y un filipino ni te cuento; habla tagalo con palabras inglesas.

The English language spoken in Lesotho, Ghana and other similar countries is simply a lingua franca that has little in common with standard English.

ENGLISH, CONTEMPORARY – El idioma inglés de hoy.

Tengamos en cuenta que el inglés, como ya he dicho antes, está en permanente ebullición y cambio. Esto es importante cuando leamos a Charles Dickens, Daniel Defoe, Shakespeare, o cualquier otro clásico. Para leer a Chaucer necesitamos una traducción al inglés contemporáneo. La gramática y el léxico han cambiado. En ocasiones nos parecerá que estamos leyendo otro idioma.

ENGLISH DIALECTS → **British dialects**

ENGLISH PEOPLE

También conocidos como *the English*. Cuando son de pura cepa dicen *as English as tuppence*. (*As American as applepie*, se dice en USA.) Ya no son lo que eran -¿pero qué país o pueblo lo es?- sin embargo el que tuvo retuvo, y todavía tienen *Oxford University, Cambridge University, The Oxford English Dictionary, The British Museum*, el *breakfast*, y una curiosidad insaciable por la cultura y la ciencia. Nada menos. Pero no creamos que *English* es sinónimo de cultura, puntualidad, honradez, inteligencia… que de todo hay en la viña del Señor.

Como todo cambia, encontrar en la actualidad ingleses de verdad es poco menos que imposible. Paquistaníes, indios y africanos los encontramos en cada esquina del Reino Unido.

ESQUIRE – Título honorífico muy inglés.

Transcribo lo que el *The Random House Dictionary* dice de esta palabra: "an unofficial title of respect, having no precise significance, sometimes placed, esp. in its abbreviated form, after a man's surname in formal written address: in the U.S., usually applied to lawyers, women as well as men; in Britain, applied to a commoner considered to have gained the social position of a gentleman. *Abbr.:* Esq."

Una dirección podría ser así:

> John Doe, Esq.
> 2617 Perrsyville Ave.
> Pittsburgh, Pa.
> U.S.A.

Quiere decir, para simplificar, *Mister, Miss* o *Mrs.*

ETIQUETTE → manners

ETON COLLEGE – Colegio británico de élite.

Fundado en 1440, este colegio de chicos de 13 a 16 años, ha producido 19 *Prime Ministers* y matricula a unos 1300 alumnos por año. Tiene un prestigio indiscutible en el mundo de habla inglesa.

EUPHEMISMS – Suavizar la palabra fuerte o grosera.

Eufemismos, palabras que quieren ser aceptables a los oídos de los demás, para no mentar las cosas por su nombre. El euphemismo es una fábrica de producir palabras y frases. *Lady of the night*, o en castellano mujer de vida alegre, suena mejor que puta o fulana. Algunos ejemplos típicos:

Eufemismo en inglés	Significado en castellano
Adult entertainment	pornografía
Armed intervention	guerra
Call of nature	ganas de cagar
Correctional facility	cárcel
Departed	muerto
Happy hour	hora para emborracharse
Interesting condition	preñada
Negative patient care outcome	el paciente la ha espichado
Neutralize	matar
Roll in the hay	revolcón sexual, polvo

EXAMS / EXAMINATIONS – Formas de controlar el progreso en la escuela.

Quiz	un control
Test	examen
Exam	examen
Mid-term exams	de mediados de curso
Finals	exámenes de fin de curso

We had a vocabulary quiz today

The finals are in June

I have two mid-term exams today

El plural de *quiz* es *quizzes*. → **honor system**

EXCLAMATION – Todo tipo de exclamaciones en inglés.

Exclamación, que el Diccionario de la Academia define como "Voz, grito o frase en que se refleja una emoción, sea de alegría, pena, indignación, cólera, asombro o cualquier otro afecto." En inglés las principales y más prácticas son:

Aha, ajá.

Ahem, ejém (para llamar la atención)

Bah, ba

Gee, caramba

Ha, ha, ja, ja.

Hee-hee, ji, ji.

Hey, eh, para llamar la atención. Caray, bueno, bien, vaya, oye.

Oh, boy, vaya, bueno, hala, menudo, que se puede repetir, *Oh, boy, oh boy.*

Ouch, expresa dolor, ay.

Well, pues.

Why, pues.

Wow, vaya, menudo, hala.

EXCUSE – Para pedir disculpas.

Excuse me! ¡Dispense! *An excuse*, una escusa. → **pardon**

EXPRESSION – Excusa para decir palabrotas.

If you pardon the expression quiere decir: *Please excuse what I am going to say* o *what I have just said; excuse me for using vulgar language*: *Jack has fucked up the PC, if you'll pardon the expression*, Jack ha jodido el ordenador, con perdón.

That damn salesman, if you'll pardon the expression, is a real bastard, ese maldito vendedor, con perdón, es un cabrón.

Me recuerda el *mejorando lo presente* español: "Esto es una mierda, mejorando lo presente." → **French.**

FAHRENHEIT – Fahrenheit y centígrados.

Para convertir Fahrenheit a Celsius, restar 30 y dividir por dos. → Celsius

FALL /AUTUMN – El otoño en diferentes regiones de habla inglesa.

En ambos lados del Atlántico se emplean las dos palabras para otoño, aunque *fall* es más usual en USA, y *autumn* se oye más en el Reino Unido.

FALSE FRIENDS – Palabras solapadas y falsas amigas.

O falsos amigos, que yo llamo enemigos solapados, son vocablos que por su parecido se pueden traducir mocosuena. Hay diccionarios dedicados a este tipo de léxico. No son necesarios. Lo que tenemos que hacer es aprender los dos idiomas bien porque los que caen en estas trampas demuestran su ignorancia, candidez y falta de cultura. Los que traducen *grocery* (comestibles) por grosería, *army* (ejército) por armada, *asylum* (manicomio) por asilo, *carpet* (alfombra) por carpeta, son ignorantes de medio pelo que lo que tienen que hacer con urgencia es aprender los dos idiomas. Un paso más y diremos troca por *truck*, yarda por *yard* (jardín), rufo por *roof*, liquear por *to leak*, marqueta por *market*, dron por *drum*.

Periferal diremos periférico en vez de periferal

Rebate diremos devolución en vez de rebate

Similarity diremos similitud en vez de similaridad

Sucrose diremos sacarosa en vez de sucrosa

Mandatory diremos obligatorio en vez de mandatorio

Compulsory diremos obligatorio en vez de compulsorio

Registration diremos inscripción en vez de registración

El estudio serio de estos idiomas hace milagros y evita los innecesarios y supérfluos diccionarios de anglicismos o hispanismos, de falsos amigos, y demás zarandajas. Un diccionario general bueno es más que suficiente.

FAN – Admirador.

Admirador, hincha, seguidor, proviene con seguridad de la palabra *fanatic*. *I am a fan of yours*. No olvidemos que también es un abanico. Y un *electric fan* es un ventilador.

FARE → bill of fare

FAREWELL – Múltiples adioses.

Adiós. *A farewell party*, una fiesta de despedida. Recordemos la novela de Hemingway *A Farewell to Arms*, Adiós a las armas. → goodbye

Tenemos muchas maneras de despedirnos, de decir adiós:

Be good, Bye, Bye-bye, Cheerio (Brit.), *Don't work too hard, Farewell, God be with you, God bless you, Godspeed, Goodbye, Have a good day, Have a good one, See you, See you later, So long, Take it easy.*

Y hasta frases jocosas como *Don't take any wooden nickles*, que yo traduzco por "¡Que no te engañen!"

FAULT – Culpa.

My fault! ¡Culpa mía! *It's your fault!* ¡Tú tienes la culpa! ¡Es culpa tuya! *Whose fault is it?* ¿De quién es la culpa?

FELLOW – Palabra agradable para referirse a otros.

Persona, uno, tipo, muchacho, compañero... es una palabra agradable que jamás implica rechazo de ninguna clase. *That fellow there has been talking about you*, ése ha estado hablando de ti.

A fellow citizen es un compatriota.

A fellow student es un compañero de colegio.

A fellow passenger, compañero de viaje.

Fellow worker, student, compañero de trabajo, de estudios.

Fellow sufferer, compañero de desdichas.

Y recordemos la canción:

"For he's a jolly good fellow, for he's a jolly good fellow
For he's a jolly good fellow, which nobody can deny
Which nobody can deny, which nobody can deny
For he's a jolly good fellow, for he's a jolly good fellow
For he's a jolly good fellow, which nobody can deny!"

De manera informal se dice y escribe *fella*.
My dear fellow, mi querido amigo.

FIANCÉ / FIANCÉE – Prometido, prometida.

Fiancé es prometido, persona con la que una mujer se va a casar. *Fiancée* es prometida. *My fiancé is rich and handsome,* mi prometido es rico y guapo. *My fiancée is dumb and ugly but she's rich,* mi prometida es tonta y fea pero es rica. Las dos formas se pronuncian igual.

FINGER – El dedo y sus nombres.

Los dedos de la mano tienen nombre:

Little finger	meñique
Ring finger	anular
Middle finger	corazón
Index finger	índice
Forefinger	índice
Thumb	pulgar

El del cuento, Pulgarcito, es *Tom Thumb.* Y no olvidemos que los dedos del pie se llaman *toes,* y el dedo gordo del pie es el *big toe.*

FIRST – Primero y cómo se escribe.

First, como *second, third,* se escriben 1st, 2nd, y 3rd. El resto ya es otra cosa: 4th, 5th, 6th, etc. No confundirse. Cuando se emplea con números siempre va delante: *The first three contestants. First of all,* ante todo.

At first, al principio. *At first I did not recognize her,* al principio no la reconocí.

Isabel II, es *Elizabeth II (**the** second)*.

FIRST NAME – Nombre de pila. Antropónimos.

Paul, Nancy, Robert... son *first names.* También *Christian names* o *given names.* Naturalmente si la persona se llama Mohammed, será major no hablarle de *Christian name.* A veces todavía se oye *font name,* nombre de pila, e incluso *forename.*

To be on a first-name basis o *terms* con alguien es el equivalente a tutear: "They are now on a first-name basis with the librarians here..." Windsor Beacon, 14 May, 2010, que significa que ahora se tutean con los bibliotecarios. "He was friendly and seemed to genuinely care about his customers and know many of them on a first-name basis." Enterprise Record, 14 May, 2010, o sea, que se tutea con su clientela. Oliver Sacks, in his *On the Move* writes "I was on easy first-name terms with the manager, with the man who ran the gas station and with the clerks at the post office." → **name**

FISH AND CHIPS – Plato gastronómico inglés de pocos vuelos.

Pescado rebozado frito y patatas fritas. Nada del otro jueves pero los ingleses creen que han hecho una gran aportación a la gastronomía mundial. También se escribe *Fish & Chips* o *Fish'n'chips.*

FLIP – Flipar.

Es el origen del español *flipar*, y quiere decir, entre otras cosas, enloquecer, volverse majara, impresionar, entusiasmar. *He had so much work and so many problems at home that he flipped*, tenía tanto trabajo y tantos problemas en casa que se volvió majara.

También *to flip one's wig* o *lid. Lid* es argot, slang, por cabeza. *I truly think I'm flipping my lid.*

FLOOR / STORY / GROUND - ¿Cómo se usan?

Floor es suelo de una casa y *ground* es suelo de la calle. *At home you drop something on the floor. On the street you drop something on the ground.*

He lives on the sixth floor of a twenty-storey building, vive en el piso sexto de un edificio de veinte plantas.

The ground floor, primer piso, primera planta en Gran Bretaña se convierte en *first floor* en los Estados Unidos. Este *first floor* en Inglaterra sería un *second floor* en Nueva York, por ejemplo.

The basement, el sótano, sirve para los dos lados del Atlántico.

Floor, suelo, piso, planta.

Ground, suelo, tierra.

Story, planta (de edificio). En el Reino Unido se escribe *storey.*

FLOOR, TO HAVE THE – Tener el uso de la palabra.

To have the floor es tener el uso de la palabra, en una asamblea, reunión formal. *The gentleman from Pennsylvania has the floor*, el representante de Pensilvania tiene la palabra. No se debe interrumpir al que tiene la palabra, que para eso la tiene.

FOLK(S) – Palabra muy común.

Es equivalente a *people*. También los parientes, los padres: *My folks are moving to New York*, mis padres se mudan a Nueva York.

Folks también significa gente en general. Por ejemplo en Buggs Bunny: *That's all, folks!* Es un término coloquial y cariñoso, mucho más que *people*. La palabra folklore en castellano viene de *folklore*, la tradición de un pueblo, de la gente.

Folk ya es plural, pero se tiende a emplear *folks*.

Forma muchas palabras: *menfolk, countryfolk, womenfolk, cityfolk, folk hero, folk music...*

FOUR-LETTER WORDS – Palabros y palabrotas.

Muchas de las palabras tabú, inaceptables, de argot, soheces (sí, con h), suelen tener cuatro letras: *shit, fart, fuck, cunt, cock,* etc. Estas palabras han dado pie a muchos eufemismos. Podríamos traducirlo por "palabrotas". *Shit is a four-letter word. Shit* es una palabrota.

"In the nation's capital, snow is rightfully a four-letter word." FOXNews, Feb., 10, 2010.

"... but I associate the staff at my library with a four-letter word beginning with F." The Guardian, Feb., 22, 2010.

His talk is full of blasphemies and four-letter words, su habla está plagada de blasfemias y palabrotas.

Estas palabras provienen del anglosajón y es curioso que sus equivalentes latinos son más aceptables para la gente. Veamos:

To shit no suena tan mal si decimos *to defecate.*

To fornicate no suena tan mal que si decimos *to fuck.*

Cunt suena peor que *pudendum*.

Y *cock* parece una palabra muy vulgar si la comparamos con *penis*.

Turd suena fatal si la comparamos con *excrement*.

Y *testicles* es una palabra que se puede decir en público, pero no *balls*.

Silly suena mejor que *asshole*.

Muchos prefieren *homosexual* a *fag* o *fagot*.

FOURTH OF JULY → Independence day

FRATERNITY – Asociación estudiantil.

Fraternities son asociaciones universitarias estadounidenses, locales o de ámbito nacional, con nombre de letras del alfabeto griego, (Phi Beta Kappa), cuyo propósito es social (alcohólico). Las mujeres tienen *Sororities*. Tienen ritos de iniciación para los nuevos socios y les hacen novatadas. Un *fraternity brother* es otro miembro del *fraternity*. También se dice simmplemente *frat*.

FRENCH – Los franceses y su reputación en el mundo anglosajón.

Hace siglos que los ingleses hablan mal de todo el mundo y les encanta sacar motes a los extranjeros. A los franceses les tienen una manía muy especial. *A frog* es un francés (persona de nacionalidad francesa, claro), por ejemplo. Hay muchas expresiones con la palabra *French* en lengua inglesa:

Excuse (pardon) my French: Mejorando lo presente, perdonen la palabrota. *Excuse my French but this presentation is a piece of shit*. Se viene empleando la expresión desde 1895 o así.

A French kiss es un beso con lengua, a tornillo. Según los ingleses, solo a los franceses se les podía ocurrir una guarrada así. El verbo es *to French kiss*: "Can you get pregnant by French-kissing..." pregunta una ingenua en el Irish Times, Feb., 10, 2010. Los ingleses siempre han creido que los franceses eran/son más pervertidos y guarretes que nadie (mira quién habló). Por cierto que a este tipo de beso o morreo también se le llama en inglés *soul kiss*.

French es "un francés", o sea, sexo oral.

French leave es despedirse a la francesa, como en español. Sin embargo los franceses dicen *filer à l'anglaise*, o sea, largarse a la inglesa.

A French postcard es una foto guarra.

Y para más recochineo a la sífilis le pusieron de mote *the French disease*.

FRENCH VOCABULARY IN ENGLISH – Palabras de origen francés.

Sabemos que la lengua francesa fue idioma oficial en Inglaterra durante siglos. El 40 % del vocabulario inglés proviene del latín a través del francés. En muchos casos los acentos se conservan. Todavía se emplean palabras y frases francesas en la conversación cotidiana de la gente culta:

Blasé	indiferente, "pasota".
Blond	rubio
Blonde	rubia
Brunette	morena
Déjà vu	impresión de haber visto u oído algo antes
Enfant terrible	niño o persona descontrolada

Entrée	plato fuerte, principal de una comida
Façade	fachada (también *facade*)
Femme fatale	mujer fatal
Faux pas	metedura de pata
Gigolo	gigoló
Ménage à trois	cama redonda
Touché	admito el error

En el caso de rubio, se emplea *blond* para el masculino y *blonde* para el femenino (*Gentlemen Prefer Blondes*, la película "Los caballeros las prefieren rubias.")

La palabra *role* se puede escribir en inglés *rôle*. Y *naive* puede ser *naïve*.

FUCK – Joder y follar.

De origen incierto, posiblemente porque quedó proscrita pronto y ha quedado fuera de diccionarios hasta relativamente poco. A pesar de que el idioma inglés no tiene un verbo específico para el *F-word*, como también se la conoce en los círculos puritanos, ha sido *fuck* relegada, prohibida, y ninguneada a pesar de su uso común y cotidiano. Ha sido causa de que se hayan inventado muchos y diversos eufemismos para evitarla, tales como *to make love, to sleep with, to have sex, to have relations with, to have intercourse,* etc. Tony Thorne dice en su *The Dictionary of Contemporary Slang*: "The most commonly used *four-letter* word, used intransitively (*lets's fuck*) and transitively (*he fucked her/ him*)."

Veamos ejemplos de uso:

Jack and Jill are having a quick fuck in the kitchen.

Mary's boyfriend wants to fuck her all the time.
Igual a *damn* o *hell*:
Fuck you, son of a bitch!
Fuck the car!
The fucking job; the fucking boss; you are nothing but a fucking bitch.

"In restaurants, girls haughtily discuss cocks and fucking, but hardly anything happens." *New Statesman and Society.* (London: Foundation House, 1992).

Hugh Rawson dice en su ya clásica obra *Wicked Words:* "This tendency in the use of the word is epitomized by the story of the sailor, who tells his shipmates about his adventures on leave: *I had a fucking great time. First I went to a fucking bar where I had a few fucking drinks, but it was filled with de-fucking-generates. So I went down the fucking street to another fucking bar and there I met this incredibly fucking good-looking broad and after awhile we went to a fucking hotel where we rented a fucking room and had sex."* Y más: "I need some fucking help." Kim Newman, *Bad dreams.* (London: Simon & Schuster Ltd, 1990).

A fucker es una persona indeseable, un jodido mierda: *The neighbors are a bunch of fuckers.*

To fuck someone up también significa jorobar, joder a alguien: *The boss fucked me up real good.*

GAL – Chica.

Otra manera coloquial de decir *girl* -desde 1790 en el idioma- que no es americanismo. "In any event, these guys and gals…" *Fiction Writer*, April, 2000. *Guys and gals* sería chicos y chicas.

GALLOWS HUMOR – Humor negro.

O humor negro, también se le conoce como *black humor*. Humor patibulario, de *gallows*, patíbulo, horca. Humor de mal gusto. A manera de ejemplo: Se supone que Oscar Wilde dijo en su lecho de muerte: "My wallpaper and I are fighting a duel to the death; one or the other of us has got to go." → **black humor**

GARLIC – Ajo.

Ajo, que aterra a los anglohablantes, como a Drácula, pero que a pesar de eso han creado el *garlic bread*.

GASOLINE → **petrol**

GAY – Homosexual.

Hablando con propiedad, la palabra *gay* significa, *happy, glad, merry, cheerful, jolly*, así que podemos hablar de *gay colors, gay curtains*. Y, como en castellano, antaño las prostitutas llevaban una vida alegre, *a gay life*, que, por supuesto, de alegre nada. Pero ahora la palabra se asocia con la homosexualidad y se ha convertido en estándar, tanto en lengua inglesa como castellana (y francesa, holandesa, sueca, danesa y otras). Tenemos literatura gay, *gay literature*, matrimonios gay, *gay marriages*, pubs gay, *gay pubs*... y decimos que el vecinito del cuarto D es *gay*. Muy normal, especialmente porque la palabra no suena ofensiva, como maricón, *fag, faggot*. Es casi inocua y puede emplearse siempre sin problemas. No debemos confundir *gay* con *guy*. Podemos decir: *That guy is gay*, ese tío es gay. Tenemos el *gay pride*.

GENTLEMAN – Caballero.

En sus orígenes era un *well-born man*. Ahora significa caballero, persona que se comporta con nobleza, dignidad, elegancia y es respetuoso, y tiene mucho control de sí mismo. La palabra también implica una descripción respetuosa para hombres: *That gentleman there is my boss. Peter is very polite, he's a true gentleman*. No se emplea para dirigirse a alguien, como en castellano, en ese caso utilizaremos *sir*: ¿Le puedo ayudar, caballero? *May I help you, Sir?*

Recuerden la película *Gentlemen prefer blondes*, Los caballeros las prefieren rubias, con Marylin Monroe, de 1953.

Recordemos que en muchos casos la palabra *man, woman*, es más que suficiente: *There's a man here to see* you, un señor quiere verle. *Say hello to the* man, saluda al señor. *This man says…* Este señor dice…

Gentleman es también representante en el Congreso: *The gentleman from Ohio has the floor*, el representante de Ohio tiene la palabra. → man → lady

GIRL – Chica, muchacha, niña.

Palabra muy condescendiente y paternalista cuando se emplea para referirse a una mujer joven pero que ya no es una chica, una muchacha, especialmente si es una profesional en los negocios o la ciencia. *Young woman* es un término más apreciado. Sin embargo incluso las feministas salen a tomar unas copas *with the girls*, tengan la edad que tengan. *Girl talk* se prefiere a *woman talk*, la conversación que gusta a las mujeres entre ellas (¿de trapos?). Igual que *man talk* (de mujeres). → gal

GOD – Dios y sus expresiones norteamericanas.

En los billetes de banco, y en las monedas, de los Estados Unidos leemos la expression *In God we Trust*, confiamos en Dios. Cierto es que hay separación de religion y estado, pero el hecho demuestra que no es cierto. Es la divisa, *motto*, de los Estados Unidos y se adoptó oficialmente en 1956. Esto dice mucho del carácter de este país.

God bless you, que Dios te bendiga, es una frase que oiremos mucho a manera de despedida, y cuando alguien estornuda. Oiremos con frecuencia a políticos exclamar la variante *God bless America*, que puede sonar a raro.

An act of God es frase jurídica que significa desastre natural, como terremotos, riadas, tornados y demás. Aparece mucho en pólizas de seguros.

God forbid, Dios no lo quiera.

God-forsaken, dejado de la mano de Dios.

God willing, Dios mediante.

Honest to God, te lo juro.

GONNA – Contracción que debemos evitar.

Esta contracción, como *gotta*, *wanna*, *kinda*, llama mucho la atención de los españoles que piensan que es "muy americana". Son dialectales y de poca cultura, como decir en castellano "hablao", "comío", o "mu" por muy, que también es una contracción. Si en boca del nativo queda mal, en boca del extranjero queda peor. Evítelas.

Escribir tratando de imitar la pronunciación se llama *eye dialect*: *I lik'er*, por *I like her; I've gotta go* por *I've got to go*. No lo haga ni en broma.

GOOD ENGLISH → standard English

GOOD MANNERS → manners

GOODBYE – Adiós.

Se escribe como una palabra y el plural es *goodbyes*. *To say goodbye*, despedirse: *Did you say goodbye to your uncle?* ¿Te has despedido de tu tío? *She said goodbye to her fans*, se despidió de sus admiradores. Es la palabra más formal y educada para las despedidas. Veremos también, a veces, las variantes *good-by*, *goodby*.

Godspeed, sería el equivalente al castellano "con Dios" o "que Dios te acompañe."

GOOGLE – Empresa de internet.

Buscador de internet. Se pronuncia /gúgol/ y no /gúguel/. Por favor. El verbo *to google* significa buscar en google. *Google his name to see what you find.*

GOP – Partido político de los EE.UU.

El partido Republicano de los Estados Unidos, *Grand Old Party*, fundado en 1854, tiene un elefante como símbolo. El símbolo del partido Demócrata es un burro o asno.

GRACE – Bendición.

To say grace, bendecir la mesa, *is a very American custom which we see in films all the time. The head of the family says a short prayer of thanks for the meal the family is about to eat. Usually the members of the family hold hands and bow while the father recites the words of thanksgiving. This is a very serious matter in many American households and takes place before the formal evening meal.*

GRADING SYSTEM – Puntuar exámenes.

A	*excellent*	sobresaliente
B	*very good*	notable
C	*pass*	aprobado
D	*close fail*	aprobado raspado
F	*fail*	suspenso

Podemos hilar mucho más fino, especialmente en exámenes parciales:

A-, B+, B-, C+, C-, D+, D-

que implica más o menos nota. Esto es *to slice thin*, hilar fino.
→ honor system

GRADUATE → undergraduate

GREET – Saludar.

Saludar. *She greeted me warmly*, me saludó efusivamente. *The president was greeted with a 21-gun salute*, saludaron al presidente con una salva de 21 cañonazos. Lo que hacen los militares es *to salute*: *The soldiers saluted the general*, los soldados saludaron al general. *We salute the flag.*

GUY – Tío, tipo.

Informal por tipo, tío, hombre, chico, uno. *She married a guy from Texas. That guy says I'm wrong. Who's that guy standing there.* Se emplea para hombres, excepto en plural, al referirse a los dos sexos: *Do you guys want a beer?*

No confundir con *gay*: *That guy is gay.*

HALLOWEEN – Fiesta ya internacional y su significado.

La noche del 31 de octubre, la víspera del día de Todos los Santos, *All Saints' Day* que celebran especialmente los niños, disfrazándose y visitando casas para pedir golosinas. Dicen: *Trick or treat*, que significa: diablura, travesura o invitación y no "truco o trato" como se traduce a mocosuena. Si no nos invitas a algo, te hacemos una trastada, que puede ser pintarrajear la puerta de la casa o pinchar la rueda del coche. Son ejemplos. *To treat* es, entre otras cosas, invitar y *a treat* es una invitación, un regalo, un premio. También se escribe *Hallowe'en*.

HAPPY BIRTHDAY TO YOU – Felicidades. Feliz cumpleaños.

También se puede decir: *Many happy returns of the day!*

HELL – El infierno y sus frases.

Según el *Webster's New World Dictionary*, "hell is the place where devils live and to which... sinners and unbelievers are doomed to eternal punishment after death." Y el DRAE nos dice de infierno: "1. m. *Rel.* Lugar donde los condenados sufren, después de la muerte, castigo eterno." Ya pocos parecen creer en este lugar, incluso los cristianos, pero el idioma, especialmente el inglés, sigue empleando la palabra:

Para poner énfasis: *Hell, yes!, hell, no!, oh, hell, Robert!*

Como exclamación de enfado: *Hell!* o, *What the hell!*

Hay eufemismos, como en castellano, por ejemplo *dickens*, "I don't know what the dickens they think." *Fiction Writer,* April, 2000. Aquí *dickens* se emplea como más elegante que *hell*.

91

Diantre sería el equivalente.

Y *they run like hell, it's hotter* (o *colder*) *than hell, difficult as hell*, y cuando estamos muy enfadados mandamos a la gente *to hell* (*Go to hell!*) aunque cuando alguien *raises hell*, arma un follón, lo mejor es mantener la calma.

Veamos más ejemplos de *hell* con el significado de muy tomados del *Writer's Digest* (Oct., 1998):

Hot as hell, Fat as hell, Happy as hell, Difficult as hell, Clean as hell.

También oiremos la expresión *hell of a* (a veces escrito *helluva*): *he's a hell of a driver* (bueno o malo, según la entonación); *she's a hell of a singer, that's a hell of a way to die; he's one hell of a teacher*. En la revista *People Weekly* (January 11, 1999) leemos: "I did a helluva lot of damage."

La expresión *a cold day in hell* significa nunca: *It'll be a cold day in hell before I sign that contract!* "... *geeze, one cold day in hell.*" *Fiction Writer*, April, 2000. Y eso es así porque se supone que en el infierno, *hell*, siempre hace calor, mucho calor.

Why did you break the plate? I broke it for the hell of it. ¿Por qué rompiste el plato? Lo rompí porque sí, por romperlo.

What the hell! ¡Qué demonios! *Let's spend all the money we have. What the hell!* Gastémonos todo el dinero que tenemos. ¡Qué demonios!

Get the hell out of here! ¡Lárgate!

What the hell is TBS? ¿Qué demonios es TBS?

How the hell are we going to stop him? ¿Cómo demonios le vamos a parar?

Peter is mad as hell. Pedro está cabreadísimo.

To do something for the hell of it, es hacer algo por hacerlo, para pasar el rato.

HEY – Exclamación.

Esta palabra se emplea para llamar la atención de alguien y como exclamación:

Hey, you, come here.
Hey, you can't do that!
Hey, that's nice.

En la famosa canción de los Beatles:

Hey, jude, don't make it bad

....

Hey, jude, don't be afraid

....

Hey, jude, don't let me down → **exclamation**

HISPANIC / LATINO – Términos discriminatorios.

El término *latino* se emplea como si fuera una palabra inglesa: *Latino women, Latino cooking.* Es despectivo y engloba a todo "latinoamericano", sea de origen europeo, maya, misquito o azteca. En los Estado Unidos hoy el *US Census Bureau* divide a la población, a efectos de institucionalizar el prejuicio, racial y social, en muchas categorías: *White (Caucasian), Black, Oriental, Hispanic, Latino.* El odio racial en los Estados Unidos no ha desaparecido, aunque el presidente haya sido negro, y el prejuicio de los blancos sigue más vivito y coleando que en el siglo XIX o XX.

Por eso es importante, cuando se viaja a los EE.UU. explicar que uno es un *Spaniard,* que ellos identifican con España, en vez de *Spanish,* que engloba a *Hispanics* y *Latinos,* a gente que consideran inferiores.

"...a police officer caught on video kicking a Latino detainee." CNN, 13 May, 2010

"... to give Latinos a greater voice in the distric." Dallas Morning News, 12 May, 2010.

"...to confirm Justice Sotomayor a well qualified Latino woman to the Supreme Court Washington." Post, 26 April, 2010.

"Black and Latino women complain that black and Latino men don't have jobs and have prison records." San Francisco Chronicle, 8 May, 2010.

Si naces en Florida, por ejemplo, y te ponen en la partida de nacimiento "Hispanic", ya te han jorobado de por vida, por muy rubio que seas. Ya serás siempre un ciudadano de cuarta y tendrás que esforzarte más y lograrás menos. Lo siento, pero así es. Pero como no se espabilen en USA, van de cráneo. → latino

Últimamente ha aparecido la palabra *Latinx* para englobar a latinos y latinas. Veremos qué futuro tiene.

HONOR SYSTEM – Sistema para no copiar en los exámenes.

A system of taking examinations where the student agrees not to copy or cheat. The teacher does not have to supervise the exam. Would this system work in Spain?

Antonio Muñoz Molina escribe en su *Todo lo que era sólido*: "Por primera vez me encontré con lo que se llama allí el *honor system*: los estudiantes prometían o juraban que no harían trampa en los exámenes ni en los trabajos; no había, pues, vigilancia, pero quien rompiera ese pacto de confianza sería expulsado."

HOUR – 60 minutos.

Hora, sesenta minutos. *We have been waiting for you for two hours,* hace dos horas que te esperamos. Para todo lo demás empleamos *time*. Pero: *Who could this be at this hour?* ¿Quién será a estas horas?

Antaño se decía *What is the hour?* Por *What time is it?* Y lo podemos continuar diciendo, claro. Otras alternativas son: *What o'clock is it? What is the time? What time do you make it?*

One's hour, la hora de la muerte, la hora: *He knew his hour had come*, sabía que le había llegado la hora. → time

HUMOR – Llevar la corriente.

Humor: *A good sense of humor*, un buen sentido del humor. Pero para mal o buen humor → mood → gallows humor

To humor es llevar la corriente a alguien: *I humor my wife to keep her happy*, le llevo la corriente a mi mujer para tenerla contenta. *If you want to get along with the boss you must humor him*, si quieres llevarte bien con el jefe tienes que llevarle la corriente.

Sense of humor, sentido del humor. *I think I have a good sense of humor.*

IMPERIAL SYSTEM OF MEASUREMENT → measurements

INDEPENDENCE DAY – Día de la independencia.

Also known as *Fourth of July* and *July Fourth* is a Federal (national holiday) in the United States that celebrates the declaration of independence in 1776. It is an important festivity in the country and it is observed with parties, family gatherings and fireworks.

INSTRUCTOR – El que enseña.

Profesor, pedagogo, instructor. *My instructor is helping me with my writing*, mi profesor me está ayudando con mi escrito.

El rango en las universidades estadounidenses es:

Lecturer, Instructor, Assistant Professor, Associate Profesor, Professor el rango más alto, equivalente a catedrático También es *Full professor. Coach* es el del baloncesto.

INSULTS – Improperios.

Si queremos comunicar a alguien que es tonto, bobo, zoquete, retrasao, ignorante, le podemos decir:

Moron, Ignoramus, Fool, Halfwit, Retard, Retardee, Jerk, Slow poke, dimwit, halfwit.

INTERJECTION → exclamation

INTERRUPTIONS – Interrupciones.

Do not interrupt people when they are talking. Hear them out. English-speaking people are not used to being interrupted, and take offense. In Spain people interrupt all the time. Try hard not to when you speak English.

INTRODUCTIONS – Presentaciones.

We must often introduce people. The best is to simplify and make the introduction clear: "Mary, this is Peter, my brother."

"Mr. Jones, meet Jack, my neighbor." "Mrs. Smith, this is my husband John."

Always introduce a man to a woman, a younger person to an older person, and you will always pronounce names clearly and distinctly.

What you say will depend on age, informality and place of the meeting. "Hello, Mary" will be answered with another "hello."

"Nice meeting you" or "a pleasure to meet you" will be just fine.

"How do you do" is just a greeting and not a question. You must answer by repeating "How do you do." This is now very formal, but very safe, and very elegant.

We must reserve "how are you" for the second meeting, when we will be interested in the person's health and well-being.

INVITATIONS - ¿Quién paga la invitación?

With invitations we must be very careful. If you say "let's go for lunch" everyone will understand that you are inviting and therefore you will have to pay. Care must be taken about how we word the proposition unless we intend to pay and have enough money to do it. "What do you think if we have lunch?" "I am hungry, how about you?" "How about going shares for lunch?"

The best is to ask for "separate checks" and you will pay for what you order. No problems there. And it is not rude to do so.

If you are invited you will never try to pay, and you will let your host do so.

IVY LEAGUE UNIVERSITIES → college

JOHN BULL – La personificación de Inglaterra.

Personaje ficticio que personifica a Inglaterra y a los ingleses, en particular, y a los británicos en general. Es gordito y lleva chistera y bastón. → uncle Sam

JOHN DOE – Uno cualquiera.

Uno cualquiera, un Juan España, Perico el de los Palotes, Fulano de Tal, un nombre ficticio que representa a un desconocido a quien se identifica.

En USA los jueces expiden una orden de arresto de una persona cuya identidad se desconoce, a nombre de *John Doe*. El femenino es *Jane Doe*.

"…the defendants are identified in the lawsuit as Jane and John Doe because their exact identities are unknown." Kansas City Star, April, 26, 2010.

JOKES – Chistes.

Los chistes son difíciles en cualquier lengua y muchos son intraducibles. En algunas entrevistas de trabajo el entrevistador pide que le cuente el entrevistado un chiste en inglés. Siempre es buena idea saberse de memoria por lo menos dos:

"Why was 6 afraid of 7? Because 7 8 9." Aquí quizá tengamos que explicar que *eight* y *ate* se pronuncian igual en inglés americano.

"Daddy, daddy, is Europe very far? Shut up and keep swimming."

Hay *fart jokes, knock-knock jokes, daddy-daddy jokes* y más. Búscalos en internet.

Jr. - Y su traducción.

Junior, o hijo: *John F. Smith, Jr.,* John F. Smith, hijo.

Jr. Implica que hay un *Sr., senior,* padre: *John F. Smith, Sr.*

Y también podemos ver que el nieto se llama *John F. Smith, III,* y se pronuncia *the third.* Esto puede parecer chocante, pero si vemos que alguien firma así y le llamamos a la oficina tendremos que decir que deseamos hablar con John F. Smith, *the third,* no sea caso que nos pongan con el abuelo o el padre. Las cosas claras.

JUNIOR → students → Jr

KKK – El clan de los encapuchados.

Name of a reactionary movement, the Ku Klux Klan, or simply the Klan, in the United States that promotes white supremacy, extreme nationalism, anti Catholicism and anti-semitism. It is an extreme right-wing organization that is still in existence and specially active in the South. It opposes the Civil Rights Movement and it has around 4000 active members, with many hidden sympathizers. It has been active for a century and a half.

LABOR DAY – Día del trabajo.

A public holiday in the US and Canada celebrated the first Monday in September. Corresponde al 1 de mayo de Europa, pero sin conotaciones políticas.

LADY – Señora.

Señora, como *the lady of the house,* la señora de la casa. *Ladies and gentlemen,* señoras y señores. *The first Lady,* la primera dama.

99

Es el equivalente femenino de *gentleman*, caballero, señor. Una persona puede ser *a woman*, pero no *a lady*, puede ser mujer pero no una señora. Estas son cuestiones sociales más que lingüísticas. *Margaret is a real lady*, Margaret es una verdadera señora.

En Inglaterra es también un título nobiliario, el femenino de *Lord*: *Lady Margaret Thatcher*. Nunca nos dirigiremos a una señora diciéndole *lady*, sino *madam* o *ma'am*. → **madam** → **gentleman**

LANGUAGE → tongue

LATIN VOCABULARY → ANGLO-SAXON

LATINO / HISPANIC – Sudamericanos en EE.UU.

El término *latino* se emplea como si fuera una palabra inglesa: *Latino women*, *Latino cooking* (principalmente enchiladas). Es despectivo y engloba a todo "latinoamericano", sea de origen europeo, maya, misquito o azteca. En los Estado Unidos hoy el *US Census Bureau* divide a la población, a efectos de institucionalizar el prejuicio, racial y social, en muchas categorías: *White (Caucasian)*, *Black*, *Oriental*, *Hispanic*, *Latino*… El desdén racial en los Estados Unidos no ha desaparecido, aunque el presidente sea negro; y el prejuicio de los blancos sigue más vivito y coleando que en el siglo XIX o XX.

Por eso es importante, cuando se viaja a los EE.UU. explicar que uno es un *Spaniard*, que ellos identifican con España, en vez de *Spanish*, que engloba a *Hispanics* y *Latinos*. El trato será diferente, aunque parezca mentira, y por mucha pena que nos cause. A los *Spaniards* no los consideran una amenaza.

Si naces en Florida, por ejemplo, y te ponen en la partida de nacimiento "Hispanic", ya te han jorobado de por vida, por muy rubio que seas. Ya serás siempre un ciudadano de cuarta y tendrás que esforzarte más y lograrás menos. Lo siento, pero así es. Los ejemplos de uso que siguen los he elegido al azar: "…a police officer caught on video kicking a Latino detainee." CNN, 13 May, 2010. "… to give Latinos a greater voice in the district." Dallas Morning News, 12 May, 2010. "…to confirm Justice Sotomayor a well qualified Latino woman to the Supreme Court Washington." Post, 26 April, 2010. "Black and Latino women complain that black and Latino men don't have jobs and have prison records." San Francisco Chronicle, 8 May, 2010.

LEVELS OF ENGLISH – Niveles idiomáticos.

Los mercachifles del inglés (academias de enseñanza -¿?-) de la lengua inglesa, trocean el inglés de diferentes y múltiples maneras para su beneficio: *beginner, false beginner, low intermediate, intermidate, high intermediate, advanced*, y más. Esto es tan bobo como pedir y comprar cuarto y mitad de lengua inglesa. ¿Y qué nivel de castellano tenemos nosotros? ¿El castellano que habla el presunto empleado es medio alto? Porque a lo peor resulta que es incapaz de redactar una carta en lengua española, o expresar sus ideas de manera coherente. El movimiento se demuestra andando, *the taste is in the pudding*, y lo mejor es escribir en el currículum: *Try me!*

Ahora se ha puesto de moda la prueba por teléfono que, en sí, es buena idea, pero no valora cómo redacta el candidato la lengua inglesa. Los idiomas también se escriben, y muy pocos, extranjeros y nativos, pueden pasar esta prueba de fuego que tanto dice del dominio que tenemos de un idioma.

Sea profesional del estudio de idiomas y no deje de aprender nunca, hasta que se encuentre cómodo y se exprese sin esfuerzo.

LIBRA → pound

LONG – Hablando de tiempo.

Espacio de tiempo:

How long? ¿Cuánto (tiempo)?

How long did you stay? ¿Cuánto te quedaste?

Very long. Mucho.

Before long. Pronto.

Long before. Mucho antes.

It was not long before she realized he was the wrong man to marry. Pronto se dio cuenta de que era el hombre equivocado para casarse con él.

Don't stay long. No te quedes mucho.

As long as, todo (el tiempo) lo que quieras: *You can stay as long as you like*, puedes quedarte todo lo que quieras.

Pero: *as long as*, siempre y cuando: *You can eat all you like as long as you pay,* puedes comer todo lo que quieras siempre y cuando pagues.

To long, añorar, anhelar, echar de menos: Recordemos la canción de Lennon Y MacCartney "Yesterday" cuando dicen:

"Why she had to go I don't know

She wouldn't say

I said something wrong now I long for yesterday" (añoro el ayer.)

So long! ¡Hasta luego!

Long ago, hace mucho.

LOVE NAMES → dish

MACHISMO – Actitud de superioridad.

La actitud arrogante del hombre que se siente o se cree superior a la mujer, machismo, ha transcendido nuestras fronteras y se ha incorporado a otras lenguas, a la inglesa, por ejemplo. "Nobody else comes close to manifesting effortless machismo the way he does" Time, 11 May, 2010.

"…that explore the modern male machismo myth." Toronto Star, 7 May, 2010.

"But Latinas are very different than African-American women because of issues of machismo." Fordham University, 4 May, 2010.

MACHO – Palabra española.

La palabra *macho* también ha entrado en el idioma inglés como tantas otras y tiene el significado de fuerte, viril, masculino, muy hombre, superior. Aconsejo que le den un repaso a la sorprendente definición que nos da el Diccionario de la Academia.

"We're as macho as the next guy…" GQ, January, 2000.

A veces se oye como *macho man*. "Discerning readers also may intuit a connection between Mamet the macho man of letters and Mamet the father who speaks tenderly and proudly of his children" Los Angeles Times, 14 May, 2010.

La palabra se pronuncia con fonología inglesa, claro.

MADAM / MA'AM – Señora.

Término respetuoso para dirigirse a una señora: *Excuse me, Madam. Yes, ma'am.* Nunca diremos *that madam in the corner*, sino *that lady* o *woman in the corner.* → **lady**

MAID – Doncella.

Doncella, criada. *Maid of honor*, dama de honor. *Old maid*, solterona.

MAIDEN NAME → née

MAN – El hombre.

En su sentido general, el hombre, todavía se emplea mucho: *Man is subject to death*, el hombre está sujeto a la muerte. Esto significa que todo bicho viviente –no solo los hombres- muere. En la Biblia se nos dice: *Man does not live by bread alone*, no solo de pan vive el hombre (Mat. 4:4) y eso se refiere a los hombres, mujeres, niños y niñas, como dirían ahora los tontos y socialistas.

Pero *man* tiene otros usos: *A man has come to see you*, ha venido un señor a verte. *Charlie, say hello to the man*, Carlitos, saluda al señor.

Como exclamación equivale al español penínsular *tío*: *Hey, man, can you help me out!*, Oye, tío, ¿me puedes dar una ayuda? *Oh, man, you should have seen her*, Tío, deberías haberla visto.

The man from the phone company es el de la compañía de teléfonos.

The man es el jefe, el patrón, el mandamás.

My man es lo que dicen las tías de baja estofa cuando hablan de su marido. Mi hombre, dirían en castellano.

Every man for himself, sálvese quien pueda. → **gentleman**

MANNERS – Urbanidad.

Educación, modales, urbanidad. *Good table manners*, buenos modales a la mesa. *It's not good manners to spit in public*, no es de buena educación escupir en público.

Good manners means you will always say:
Please. Thank you. You are welcome. Excuse me. Yes, sir. No, madam.
Pardon me.
Good manners means that
You will listen to people
You will smile when you meet someone´s eyes
You will tip waiters
You will not stand too close to people
You will never ask personal questions
You will not interrupt
You will be on time, neither late nor early
You will not use offensive language
You will never yawn
You will not stare
You will be humble
You will not insult the country in any way
You will not be loud
You will return phone calls
You will answer e-mails
You will not harass or bully people

MASTER'S DEGREE – Título académico.

Título academico entre el *bachelor's degree* y el doctorado. No es simplemente *master*, sino *master's* (y se entiende *degree*): *I am a graduate student because I am studying for my master's*. Si se tiene un B.A. en biología, no se puede estudiar un M.B.A *(Master of Business Administration)*, como se hace en España. Hay que tener una cierta base académica. En España los mercachifles de la enseñanza (universidades e institutos de chicha y nabo) han encontrado un filón con este hallazgo, que les reporta grandes beneficios enseñando nada a los incautos y dándoles un título que para poco sirve. Y a veces los regalan a conocidos y políticos.

Master también era el equivalente de señorito, señor: *Master James*, el señorito James. Esto ha pasado de moda.

The master of the house, el señor de la casa.

The master bedroom, el dormitorio principal.

Los perros tienen *masters*, amos, dueños: *That dog looks like his master.*

MATE / COLLEAGUE - ¿Qué diferencia hay?

Colleague es un asociado, compañero, colega. *Mate* es lo mismo pero tiene más posibilidades: *classmate, roommate, playmate, bedmate, workmate, officemate*, etc.

Soul mate es alma gemela. *We are soul mates*, somos almas gemelas.

MD → doctor

MEALS – Comidas.

Meal es comida, la que se hace a diversas horas del día. *The main meal* es la comida principal del día, sea la que sea. *A good meal* es una buena comida; en los Estados Unidos se habla de *a square meal*, comida buena y completa. Estos *meals* se distribuyen así:

Breakfast, desayuno, la primera comida, *meal*, del día. Es verbo también.

Brunch es una combinación de *breakfast* y *lunch*, una especie de comida de las once de la mañana.

Lunch, parecido al español almuerzo pero menos copioso. Se suele comer a mediodía. Es verbo también.

Snack, refrigerio, picoteo, merienda, que se puede comer en cualquier momento del día. Es verbo también. (Recordemos los *snackbars*.)

Dinner, la comida principal del día que suele hacerse por la noche, *evening*.

Supper, la cena, la última comida del día. Es verbo también.

Para los británicos *tea* es cualquier comida, especialmente la cena.

A pick-me-up es un tentempié. En Inglaterra también es una bebida.

Recordemos que el verbo es *to have*: *We have breakfast, supper, lunch.*

A bite to eat es tomar un bocado: *We could grab a bite to eat in town*, podríamos tomar un bocado en el centro.

A big breakfast, lunch, supper se refiere a un gran desayuno, almuerzo o cena. *Light* implica lo contrario, ligero: *A light breakfast.*

A sit-down meal es lo que en España se considera comida de cuchara.

Nibbles es "picoteo", patatas, cacahuetes, que tomamos con una cerveza, por ejemplo. *To nibble* es mordisquear, picotear.

> ⚠ **IMPORTANTE**
>
> *First course*, primer plato. *Second course*, segundo plato. *Dessert*, postre. *A five-course dinner*, comida de cinco platos. Muy elegante. *Entrée* es el plato fuerte o primer plato, el principal. *Starters* son los entrantes.

En castellano se dice que alguien *come con los ojos* cuando se sirve más de lo que puede comer y en inglés diremos *that his eyes are bigger than his stomach.*

MEASURE, UNITS OF – Medidas.

Todos los países han adoptado ya el sistema métrico decimal, o están en ese proceso. Gran Bretaña cambió al sistema métrico en 1965, pero el *Imperial system* continúa vivito y coleando. Los Estados Unidos emplea los sistemas tradicionales en la vida corriente:

Inch	pulgada (2.54 centímetros)
Foot	pie (12 inches, 30. 48 centímetros)
Yard	yarda (3 feet, 0.9144)
Mile	milla terrestre (1.609 kilómetros)
Pound	libra (0.453 kilos) → **pound**
Ounce	onza (28.349 gramos)
Stone	(14 pounds, 6.4 kilos)
Quart	Cuarto (0.986 litros en USA.)
Gallon	galón (3.78 litros)
Pint	pinta (0.473 litros)

5' 10" significa *five feet ten inches.*
La fraseología refleja el uso de este sistema:
All wool and a yard wide, honrado, buena gente.
A miss is as good as a mile, un error es siempre un error
Miss by a mile, equivocarse del todo
Give him an inch and he'll take a yard, a mile, darle a uno el pie y tomarse la mano.
The whole nine yards, completamente.

To speak a mile a minute, hablar rápido, por los codos.

In for a penny, in for a pound, de perdidos al río.

He doesn't have an ounce of decency, no tiene ni pizca de decencia.

Ten-gallon hats, sombreros tejanos enormes.

He was within an inch of getting killed, estuvo en un tris de que lo mataran.

Pint size, pequeñajo, enano, peque. *A pint-sized Mexican*.

A este sistema anticuado de medidas se le llama *Imperial system of measurement*.

MEETING / REUNION – Reunión y acontecimiento.

In a meeting people get together to try to solve problems. In a reunion people get together to celebrate and have fun. In a school meeting we talk about teaching, for example. In a school reunion we will have fun talking about our school and what we did.

MEETINGS – Reuniones.

Las reuniones en los países de habla inglesa no son una merienda de negros donde todos hablan a la vez, hacen corrillos, y se insultan y vocean con malos modos. *The Chair*, la presidencia, es la que abre la sesión, *the meeting will come to order*, la que concede la palabra, *the floor*, a uno de los asistentes, a quien no se le puede interrumpir. Si se quiere meter baza, se hace una señal al que preside la reunión, *the Chair. The meeting adjourns*, se levanta la sesión, cuando así lo decide la presidencia. Todo está regulado de forma que la reunión sea fructífera. Todo esto se encuentra en *Robert's Rules of Order*, que se puede consultar en la red.

109

Desde luego que todo *meeting* debe tener una limitación de tiempo. Los expertos creen que 20 minutos es el plazo ideal y que más tiempo no es aconsejable.

MENU – La carta.

Menú, la carta, también se conoce como *bill of fare*. *Ask the waiter to bring the bill of fare*, pídele al camarero que traiga la carta. *The bill of fare* también es el programa que dan en el teatro, con información sobre la obra.

MICKEY MOUSE – De risa.

Inferior, cutre, barato, chapucero, insignificante, trivial, banal, de risa.

"... a Mickey Mouse operation." The Desert Sun, 14 May, 2010.

Mickey nació el 15 de mayo, 1928, de la mano de Walt Disney Co., y pronto se hizo muy popular. Hoy se habla de *a Mickey Mouse business, a mickey mouse presentation, a mickey mouse system.* Cuando creemos que alguien no es importante decimos: *I can't waste my time with this Peter, this mickey mouse.*

MILITARY TIME → time, military

MILK → cream

MILLION – Millón y millones.

One million, two million, three million. Pero *he makes millions,* gana millones.

MIXED COMPANY – Hombres y mujeres.

Ambos sexos, hombres y mujeres. *You cannot say* fuck *in mixed company. I prefer to be in mixed company.*

MONTHS OF THE YEAR – Meses del año.

January, February, March, April, May, June, July, August, September, October, November, December. La preposición es *in, I will visit Palermo in June.* Se escriben con mayúscula. En castellano no. Es preferible no aprendérselos de carrerilla.

MOOD – Humor.

My wife is always in a bad mood, mi mujer está siempre de mal humor. *I am always in a good mood,* siempre estoy de buen humor. *I am not in the mood for fighting,* no tengo humor para peleas.
Categorías del verbo como *indicative, imperative, subjunctive moods,* modos indicativo, imperativo, subjuntivo.

MOON – Luna y enseñar el culo.

Como verbo tiene una cierta gracia: significa enseñar el culo. También estar en las nubes, soñar, *He has been mooning about his former love all day,* ha estado soñando con su antiguo amor todo el día. *A blue moon,* mucho tiempo.
The phases of the moon, las fases de la luna:
Full moon, luna llena
Half moon, media luna
New moon, luna nueva
Waining moon, luna menguante
Waxing moon, luna creciente

MORNING – La mañana y cómo emplearla.

Las doce horas desde medianoche hasta mediodía. Después de las doce ya tenemos que saludar con un *Good afternoon.*
Morning, noon and night: a toda hora: *She's pregnant again because he's at her morning, noon, and night. (Random House Dictionary.)* Un ejemplo curioso para un diccionario. A mí me gusta.

MOTHER-IN-LAW – La suegra.

Suegra, tiene como plural suegras, *mothers-in-law*. *Sister-in-law*, cuñada; *daughter-in-law*, nuera; *father-in-law*, suegro, etc. *My in-laws*, son mis parientes políticos.

MR. – Título de cortesía.

Mister. Mr. John Smith, el Sr. John Smith. Dirigirse a alguien llamándole *Mister*, es como el jefe español: *Mister, can I help you?* Jefe, ¿le ayudo? → address, terms of

MS. – Título de cortesía para mujeres.

Mrs. es "señora de" y *miss* es "señorita". Se inventó lo de *Ms.* que es práctico porque no indica si la mujer es casada o soltera, que a nadie le interesa. *Mr.* no da pistas acerca de la situación marital del hombre. Se pronuncia "miz", con "s" sonora. → address, terms of

NAMES – Nombres y cómo se emplean en lengua inglesa.

Robert (o *Peter, Mary, John*) es un *first name, given name* y si es cristiano *a font name* o *Christian name*. *Smith* es apellido, *surname, family name* o *last name*. En el caso del nombre completo, *full name, Robert Basset Smith*, el *Basset* es el *middle name*. (éste se puede escribir con solo la inicial mayúscula: *Robert B. Smith*.) Cuando se ponen en plan formal, las gentes de habla inglesa se dirigen entre ellos como *Mr., Mrs., Miss* y el apellido: *Hello, Mr. Smith; Good morning, Mrs. Johnson.*

Los franceses tienen el *tu,* los alemanes *du,* los epañoles *tú,* y los ingleses hace tiempo que descartaron el *thou* –ni siquiera los cuáqueros lo empean ya – usan los *first names* para denotar la misma familiaridad. *To be on a first-name basis*, o *on first-name terms* indica la misma familiaridad y cordialidad que cuando dos españoles se tutean. *To first-name someone* equivale a tutearle.

No se les ocurra ir por ahí llamando a la gente *Peter, Mary* o *Bob* a menos que le inviten a hacerlo. Las costumbres sociales están cambiando mucho, pero es aconsejable ir con tiento. Si da la casualidad de que usted se llama José Gómez y una chica le llama *Mr. Gómez*, siempre se le pude decir: *Please, call me Jose.*

Como ya he mencionado, *to first name* equivale a tutear: *The boss doesn't like the employees to first-name her.* (Random House Dictionary.) A *name* es tambien "mote" como en sacar motes: *My workmates call me names all the time, but I don't care.* Hay una frase muy conocida que dice: *Sticks and stones may break my bones but names will never hurt me.* A veces se sustituye *words* por *names.* → **first name** → **Christian name**

NATIVE - ¿Qué es un nativo exactamente?

Lingüísticamente hablando un nativo es una persona oriunda del país donde se habla el idioma que maneja. Un nativo del idioma inglés significa que esa persona lo habla como lengua materna. Siempre creemos que los que han nacido en un país hablan su idioma. No necesariamente. Tengo amigos nacidos en el Japón que no hablan el japonés, pero poseen pasaporte de ese país. Desgraciadamente uno de los mitos más difundidos entre los no iniciados –la mayoría- es que un nativo habla su idioma "perfectamente". Pues bien, un nativo puede ser analfabeto, puede ser medio cretino y tener un vocabulario de 300 palabras, puede poseer una cultura de primer ciclo de enseñanza, puede hablar y pronunciar como un patán, puede hasta tartamudear… Y posiblemente no tenga idea de gramática, ni de fonética, ni de fraseología, por ejemplo. Y menos de la historia de su país o su literatura. Por eso digo siempre –que me dejan- que es posible, con tesón y mucho ahínco, llegar a saber el idioma inglés mejor que el 90 por ciento de los "nativos" ingleses. Además el nativo está convencido de que lo que él sabe y pronuncia es lo que hay, y no cree que haya más ni que nadie dé más. Esto vale para todos los idiomas del mundo.

Claro, un nativo puede también tener un doctorado en filología inglesa, haber escrito varios libros sobre ese tema, haber impartido muchas horas de clase y tener experiencia en la docencia a extranjeros, y hablar castellano. Eso ya es otro cantar.

Los nativos se creen poseedores de la verdad lingüística, y deciden lo que está bien y lo que no. A fin de cuentas, piensan, *it is MY language!*

NÉE – De soltera.

De soltera. *Mrs. Cecilia Smith, née Gladstone*, la señora Cecilia Smith, de soltera Gladstone. Esto se emplea cada vez menos, con la emancipación efectiva de la mujer. Pero aún hay coletazos, ramalazos machistas por ahí. Recordemos que la mujer en USA e Inglaterra sigue adoptando el apellido del marido. Muchas ya no, pero todavía. Nombre de soltera es *maiden name.*

NEW YEAR'S EVE - Nochevieja. → **christmas**

NICKEL → dollar

NIGHT – La noche.

El lapso de tiempo entre la puesta de sol y la salida del sol.

Siempre diremos *good night* al despedirnos, al marcharnos, y no *good evening.* Al entrar o ver a alguien decimos siempre, como saludo, *good evening,* jamás *good night.* Tanto es así que hasta podemos desear a alguien *good night* a la cinco de la tarde si ya no la vamos a ver otra vez.

En carteles por la calle veremos la ortografía *nite.*

NINE TO FIVE

9 to 5, se refiere a un trabajo normal, asalariado y rutinario, desde las nueve de la mañana hasta las cinco de la tarde, el horario de oficina en USA. *What you need is a regular 9 to 5 job.* Un currante, un currito, es un *nine-to-fiver,* el que tiene un trabajo normal, de nueve a cinco, en los Estados Unidos, se entiende. Esto, claro, no reza en España donde imperan los horarios erráticos y arbitrarios.

NO – No es solo no.

Palabra que expresa negación o rechazo ante una pregunta. *Would you like to kiss me? No.* Y no tiene otro uso en inglés. Poniendo todos los medios necesarios dentro de nuestras posibilidades neuronales, debemos evitar decir, *You are a woman, no?* O *He likes enchiladas, no?* JAMÁS. Eso lo dicen los españoles, los mexicanos, los griegos, los italianos… pero no los ingleses. Los nativos detectan un tufillo a extranjero, a gente de baja calidad y despierta en ellos rechazo.

"No" se puede –y debe- traducirse por "en absoluto" cuando decimos: *I don't have money,* no tengo dinero. *I have no money,* no tengo dinero en absoluto. Esta regla simple nos ayudará mucho, espero.

También significa "prohibido" como en: *No parking, no smoking, no loitering, no arguing.*

115

El castellano *porque no*, tiene su equivalente *just because. Why don't you want to go? Just because.*

Nope, nah, nay, nothing doing, son formas de dar respuestas negativas.

NUMBER - ¿Cómo se escribe?

Número que en castellano se escribe n°, N°, o núm. y en inglés *No., no.* (del latín *numero*).

ODD NUMBER – Número impar.

Es un número impar: 3, 5, 7… Y el par es el *even number*, 2, 4, 6…

OK. – Americanismo de éxito.

Vale es lo que se dice en España. OK es el americanismo de más éxito desde 1840 y que ha sido más universalmente aceptado por otras lenguas, excepto, quizá, por el castellano peninsular, que tiene el "vale" que se emplea y sirve igual. Como verbo, *to okay*, es dar el visto bueno: *Who okayed this project?* ¿Quién dio el visto bueno a este proyecto? → **crutch**

OUNCE → measure

PALINDROME – Se lee de derecha a izquierda y de izquierda a derecha.

Palíndromo, que en castellano sería: *Dábale arroz a la zorra el abad*, frase que se puede leer de derecha a izquiera y de izquierda a derecha. Uno en inglés, fácil de recordar, es *Madam I´m Adam.*

PARDON – Para excusarse.

Pardon me! ¡Dispense! Si no oímos lo que nos dicen: *Pardon me?* ¿Dispense? *I beg your pardon*, le ruego me disculpe. → excuse me

PARTY FAVOR – Regalitos en fiestas, chucherías.

Es el pequeño regalo con el que se obsequia a los invitados a una fiesta como recuerdo y en prenda de agradecimiento por asistir. En España se suelen dar en bodas, como cajitas de caramelos, cigarrillos, etc. Ahora también en los cumpleaños infantiles.

PERFECT ENGLISH - ¿Es posible un inglés perfecto?

El inglés perfecto, como el castellano perfecto, es un ideal que no existe en la realidad cotidiana. No nos hagamos ilusiones. Cuando oigamos decir que alguien habla el idioma inglés perfectamente, lo mejor es poner cara de palo y encogerse de hombros. El inglés bien pronunciado, simple, claro y fácil de entender es siempre el mejor inglés, el perfecto, proceda de donde proceda.

Quizá sea mejor decir *fluent English* o *flawless English*. Quizá.

PETROL – Gasolina británica.

Para los británicos es gasolina. En USA se llama *gasoline* o *gas*. Crudo o refinado se denomina *oil*, petróleo.

PhD – Doctor.

Philosophiæ doctor, Doctor en filosofía. *Delfín Carbonell*, Ph.D.

117

PHONETICS – Los idiomas son sonido.

Tendemos todos a olvidar que el idioma es sonido, oralidad. La escritura es simplemente una representación de sonidos. El lenguaje existe solo cuando se habla, nada más. Esto parece una perogrullada pero más importante de lo que parece: no hay más remedio que imitar los sonidos bien para que nos entiendan. Sin sonidos no hay lenguaje. Hay que hacer mucho hincapié en los fonemas, sonidos, porque eso es el idioma. El inglés no es fácil en este sentido, pero tampoco lo es el castellano, aunque los nativos crean lo contrario. Los diferentes fonemas de la lengua inglesa hay que aprenderlos de viva voz. Debemos imitarlos y es necesario que nos corrijan continuamente para que logremos dominarlos. Además, los fonemas tienen variantes. El oído solo no es suficiente y no nos podemos fiar de que lo que oímos suena tal como es. El cerebro interpreta la información que le transmite el oído.

Con las últimas tecnologías podemos ahora oír inglés todo el día sin necesidad de desplazarnos a Dublín. Es posible escuchar películas en inglés, programas de radio de todo el mundo de habla inglesa, entrevistas en YouTube con casi todo el mundo: actores, filósofos, gente de la calle, chiflados… *All at our fingertips.*

PIDGIN ENGLISH – Inglés macarrónico.

Una especie de inglés macarrónico con una gramática casi inexistente y un vocabulario reducido que se emplea para que dos hablantes de idiomas distintos puedan medio entenderse. Es el inglés que emplean en Europa los llamados hombres de negocios, aunque ellos se las dan de grandes lingüistas. Podríamos llamar a este tipo de inglés *foreign English*. Un inglés de guardarropía. A los españoles se les da muy bien este *pidgin English,* especialmente a los políticos. → broken English

PIE – Tarta, torta y más.

Tarta, torta. *Apple pie*, tarta de manzana. *As American as apple pie*, típicamente americano. *To eat humble pie*, tragarse las palabras, admitir un error. *Easy as pie*, ser coser y cantar, cosa fácil. *Peter is nice as pie*, Pedro es un encanto de persona, se porta muy bien.

Apple pie a la mode es tarta de manzana con helado.

PLAGIARISM – Plagio.

En España, y en muchos países hispanohablantes, se acepta con cierta tolerancia, como si fuese cosa de chicos traviesos. En el mundo anglosajón el plagio se considera un crimen y defenestra al plagiario en el mundo académico, intelectual y científico sin consideración alguna, sin excusas. Al escribir y citar debemos siempre identificar nuestra fuente, y no nos olvidaremos nunca de las comillas cuando la citación es directa. No tomemos esto a la ligera. Nos puede costar caro.

PLAIN ENGLISH – Hablar en cristiano.

El equivalente castellano es "en cristiano." *Speak to me in plain English*, háblame en cristiano. Inglés llano, simple, claro, fácil de entender, sin artificios. "When people in Washington start creating fancy new phrases, instead of using plain English, you know they are doing something they don't want us to understand." Investor´s Business Daily, 2 May, 2011.

PLEASE – Complacer, por favor.

Por favor, es siempre parte de cualquier pregunta o petición. Su ausencia se nota más que en castellano: *Will you do me a favor, please? Come in, please. Pass the salt, please.*

El verbo es *to please*, complacer: *You can please me by studying a bit harder*, puedes complacerme estudiando un poquito más. *This gold ring will please your wife*, esta sortija de oro complacerá a tu mujer. → manners

PM – Después de las doce del mediodía.

O también *p.m.* (*post meridiem*) después del medio día: *2 pm.*, dos de la tarde. Antes del medio dia es am, o a.m. (*ante meridiem*). *Two pm*, las catorce horas. *Two am*, las dos.

POUND – La libra.

Twenty pounds, veinte libras. *Lb.*, del latín *libra*, significa *pound*, símbolo £. También es almohadilla, #, en los teléfonos. → **measure, units of → sterling pound**

PRONUNCIATION – Pronunciaciones.

La lengua inglesa tiene de 45 a 55 sonidos diferentes, según la región y cultura de los hablantes. La pronunciación estándar en el Reino Unido, la que emplea la gente educada, y en la radio y televisión, se denomina *Received English* porque no es lo que normalmente hablan en casa, sino que la han "recibido" en el colegio. Es la más fácil de entender, claro, y la que deben aprender los extranjeros.

En los Estados Unidos no existe este *Received English* y, aunque sí hay variantes, la pronunciación es bastante homogénea.

Otro cantar es que muchas palabras tienen varias pronunciaciones posibles y antes de corregir a alguien debemos asegurarnos de que la variante que emplea no existe. *Often* se puede pronunciar con "t" o sin ella, por ejemplo. Podemos pronunciar *direct* como "dairect" o "direct".

Representar la fonética por medio de signos escritos, de la forma que sean, es un imposible. El idioma es sonido. Debemos escuchar esos sonidos de boca de un nativo culto que nos corrija cuando le imitemos. → received English

-PROOF – Sufijo que pone a prueba muchas cosas.

Sufijo que significa a prueba de, *bulletproof,* a prueba de balas: *bomb-proof, childproof, fireproof, soundproof, waterproof, wrinkleproof* y el mejor de todos *foolproof,* a prueba de tontos: hecho o preparado de forma que hasta un tonto lo puede hacer sin estropearlo todo. *A foolproof idea* es una idea que no puede fallar porque ni siquiera un tonto la puede estropear.

PROPER ENGLISH → standard English

PROVERBS – Refranes.

Proverbios, refranes, que son parte del idioma y que debemos saber. Veamos unos cuantos:

A burnt child dreads the fire, gato escaldado del agua fría huye.

A swallow does not make a summer, una golondrina no hace verano.

Appearances are deceiving, las apariencias engañan.

Better late than never, más vale tarde que nunca.

Clothes do not make the man, el hábito no hace al monje.

Don't look a gift horse in the mouth, a caballo regalado no le mires el dentado.

Don't put off till tomorrow what you can do today, no dejes para mañana lo que puedas hacer hoy.

Man is the measure of all things, el hombre es la medida de todas las cosas.

More haste, less speed, quien mucho corre, pronto para.

Pray to God and keep your powder dry, a Dios rogando y con el mazo dando.

The early bird catches the worm, el que madruga coge la oruga.

Variety is the spice of life, en la variedad está el gusto.

Opportunity makes the thief, la ocasión hace al ladrón.

PUNCTUALITY – Puntualidad.

Being on time, being punctual, shows consideration and good manners. Try not to be late for a meeting in an English-speaking country. If you are late, for whatever reason, say you are sorry but do not offer excuses of any kind (traffic, illness...)

QUOTES – Citas.

Muy conocida es la afición de la gente a las citas literarias, a las citas de las obras de los grandes pensadores, escritores y hasta de faranduleros, especialmente de los de lengua inglesa. Incluyo unas cuantas como curiosidad:

A friend is one before whom I may think aloud. Ralph Waldo Emerson.

As if you can kill time without injuring eternity. Henry David Thoreau.

Animals are my friends... and I don't eat my friends. George Bernard Shaw.

A man is as old as the woman he feels. Groucho Marx.

Everybody talks about the weather but nobody does anything about it.

Mark Twain.

Getting older is no problem. You just have to live long enough.
Groucho Marx.

Remember, today is the tomorrow you worried about yesterday. Dale
Carnegie

Our thoughts make us what we are. Dale Carnegie.

Don't worry about your heart, it will last you as long as you live. W.C.
Fields.

QUID – La libra coloquial.

Una libra esterlina. "You see, with costs like this, even if you
take a few days off you're a million quid in the hole!" Cambs
Ely, *Guitarist.* (Music Maker Publications, 1992). Esta palabra
suena a chino en los Estados Unidos. No tiene plural.

REAL – Súper.

En lenguaje informal significa muy, realmente, de veras, súper: *She is real pretty. This is real good. That was real difficult,* eso
ha sido bien difícil.

Real, es de verdad, real: *a real problem.*

RECEIVED PRONUNCIATION – Pronunciación inglesa culta estándar.

También conocido como *Received English,* es la pronunciación del idioma inglés británico que emplean las clases altas,
acomodadas y "cultas" y se enseña en los colegios, que trata
de borrar los regionalismos y localismos de baja estofa. Se
emplea en las universidades de Oxford y Cambridge y en las
public schools (que no son públicas, claro) inglesas y se trata de

enseñar a los extranjeros, con dudoso resultado, especialmente en España. A esta pronunciación se le denominaba antiguamente *standard English* o *the language of the educated*. Esto no existe en los Estados Unidos, donde el idioma inglés tiene una pronunciación más uniforme y comprensible, cuando los hablantes tienen una culturilla más o menos lograda. → pronunciation

REPUBLICAN PARTY – Partido republicano de los Estados Unidos.

The Republican Party is known as the GOP or Grand Old Party and its symbol is an elephant.

Abraham Lincoln was the first president in office. It is more conservative in its views and policies than the Democratic Party, although from a European viewpoint both parties are very similar.

The Republican Party or GOP is supposed to be the party of big business, the rich, free enterprise, no government interference and opposition to labor unions. The party favors traditional Christian values.

RISQUÉ – Atrevido.

Atrevido, subido de tono: *A risqué joke*, un chiste subido de tono.

RÉSUMÉ → curriculum

SAXON WORDS – Palabras anglosajonas.

Me permito citarme a mi mismo (*El laberinto del idioma inglés, hoja de ruta*, Barcelona, Ediciones del Serbal, 2009):

"La fecha que marca una impronta importante en la historia de Inglaterra y de su idioma es el año 1066, cuando el Duque de Normandía, Guillermo el Conquistador invadió el país. Los normandos hablaban un francés antiguo (entonces no lo era) que se convirtió en idioma oficial de la nueva monarquía. En 1198 Ricardo I adoptó la divisa *Dieu et mon droit* que sigue vigente, en francés, claro. Y así, durante mucho tiempo, se hablaban dos idiomas, una especie de francés para la nobleza, la clase alta, y una especie de inglés para el común de lo habitantes, la clase baja. Y por eso tenemos palabras dobles como *pig, pork*... el *pig* lo criaban los campesinos, y el *pork* se lo comían los normandos."

Unos ejemplos de vocabulario procedente del francés y del sajón

amiliorate	*improve*	mejorar
close	*shut*	cerrar
reply	*answer*	responder
odor	*smell*	olor
annual	*yearly*	anual
demand	*ask*	preguntar
chamber	*room*	habitación
desire	*wish*	desear
power	*might*	poder
ire	*wrath*	ira
language	*tongue*	lengua
problem	*woe*	problema
example	*instance*	ejemplo
reception	*welcome*	bienvenida
spirit	*ghost*	espíritu
penalty	*punishment*	castigo

masculine	manly	varonil
intestine	gut	intestino
reside	live	vivir, residir
edifice	building	edificio

Strunk y White en su *The Elements of Style* dicen: *Anglo-Saxon is a livelier tongue than Latin, so use Anglo-Saxon words.* (El anglosajón es una lengua más viva que el latín, usa pues palabras anglosajonas.) Esto es lo que hace la gente de la calle. El español prefiere *problem* pero el inglés dirá *woe.* Sin embargo, no siempre son intercambiables… hay ligeros cambios de matiz o uso. → **anglo-saxon vocabulary**

SEASONS – Estaciones del año.

Estaciones del año: *spring, summer, fall (autumn), winter. Hunting season,* época de caza. *Indian summer,* veranillo de San Miguel. Para el tren vamos a un *station.*

SENIOR – Cuidado con el significado y la pronunciación.

Superior, mayor, de más experiencia. Se pronuncia *siñor* o cosa parecida.

He is twenty years my senior, es veinte años mayor que yo. *He is a senior officer at the embassy,* es funcionario de rango en la embajada. → students

SENSE – El sentido y los sentidos.

Hablamos del sentido común, *common sense,* aunque a veces necesitemos un sexto sentido, *a sixth* (también conocido como ESP: *Extra Sensory Perception*) para detectar el *common sense* de los demás. Pero todos tenemos a *sense of what is right and wrong, a sense of responsibility* y, algunos de nosotros, hasta *a sense of humor.* Pero lo que está claro es que es *senseless* (sin sentido) intentar cambiar la opinión de los demás. *Does this make sense to you?* ¿Tiene esto sentido para usted?

Touch – tacto
Smell – olfato
Sight – vista
Taste – gusto
Hearing - oído

SENTENCE STRESS – Cómo acentuar la frase.

Las palabras se acentúan y las frases también. Y según cambiemos el acento de la frase, el significado varía. Veamos:

I *am telling you to go* (*I* y nadie más)

I ***am*** *telling you to go* (No hay duda)

I am ***telling*** *you to go* (No lo escribo, lo digo)

I am telling ***you*** *to go* (A ti, a nadie más)

I am telling you to ***go*** (no discutas)

SEXIST LANGUAGE – Lenguaje machista.

Se considera *sexist language* el uso de palabras como *fireman, mankind, chairman* o frases hechas como *every man to himself, all men are created equal...* Yo creo que son peores los comentarios acerca de la apariencia física de la presentadora, o la descripción de la mujer del presidente, o de la senadora, que nada tiene que ver con la manera de desempeñar su cargo, que es lo que importa. Estemos atentos a las modas lingüísticas.

SHORT WORDS – Apócopes y otros acortamientos.

Muchas palabras se forman por acortamiento de otras y permanecen en el idioma. Por ejemplo:

*(Omni)***bus**, **Fan***(anatic)*, **Fridge** *(refrigerator)*, *(tele)***phone**, **Prep** *(aration)*, **Vet***(erinary)*, **Spec***(ulation)*, **Rev***(olution)*, **Mike***(crophone)*, *(violon)***cello**, **Pro***(fessional)*, **Recap***(itulate)*, **Pub***(lic house)*, **Stats** *(statistics)*.

SIMILE – Símiles interesantes.

Símil en castellano, comparación entre cosas dispares: sordo como una tapia, más ciego que un topo. Veamos algunos:

As blind as a bat, As brave as a lion, Crystal clear, Busy as a bee, As sweet as honey,

As happy as a King, As deaf as a post, As dead as a doornail, As light as a feather, As poor as a churchmouse, Free as a bird, As large as life.

-SMITH – Apellido y profesión.

Posiblemente el apellido más común en el mundo anglosajón. Se suele traducir por herrero, pero que yo, por aquello de llevar la contraria y ser inconformista, traduzco como artesano, forjador, artífice, especializado en algo, cuando es sufijo. Veamos cómo se emplea:

Blacksmith, herrero. *Goldsmith,* orífice. *Gunsmith,* armero. *Ironsmith,* herrero.

Locksmith, cerrajero. *Silversmith,* platero.

SOLICITOR

En el Reino Unido es el equivalente a procurador en España. En los Estados Unidos no existen y los abogados actúan ante los tribunales.

SONS OF THE AMERICAN REVOLUTION – Asociación fachosa y carca.

The National Society of Sons of the American Revolution, Inc. Se describe como maintaining and extending the institutions of American freedom, an appreciation for true patriotism, a respect for our national symbols, the value of American citizenship, and the unifying force of *e pluribus unum* that has created, from the people of many nations, one nation and one people." Esto indica que es una organización de fachas, facistoides, descendientes de los que lucharon en la revolución, que quiere crear una élite de verdaderos americanos de origen, opuestos a los inmigrantes que llegaron tras la independencia. Tienen mucho prestigio y fuerza en el gobierno. También existe la *Daughters of the American Revolution*. Estas asociaciones dan una idea de por qué los americanos son como son y son clave para comprender su carácter.

SORRY – Sentir.

To be sorry, sentirlo. *I am sorry*, lo siento. *She is very sorry her husband died*, siente mucho que su marido haya muerto. *Sorry?* ¿perdón? *To feel sorry*, tener lástima: *I feel sorry for you*.

SOUL FOOD – Comida y merienda de negros.

La comida tradicional de los negros de Norteamérica, basada en la del sur del país. La palabra *soul* asociada con la población afroamericana se originó en los años 60 del pasado siglo. Así tenemos *soul music*, la tradicional de esa cultura y raza. Un *soul brother* es, para un negro, otro negro. *Fried chicken, fried fish, pigs feet, pork ribs, grits* son los platos típicos de esta *cuisine*.

SOUNDS – Sonidos del idioma inglés.

El idioma inglés tiene entre 45 y 55 sonidos diferentes. El castellano unos 28 o 30. Vamos, pues, a habérnoslas con sonidos desconocidos para nuestro cerebro. Sonidos que no nos son familiares y que tenemos que detectar y repetir. Nada menos. Repetir y repetir… y que se nos corrija.

El sonido más común en lengua inglesa es el de *schwa*, vocal neutra inacentuada y átona, gutural, en palabras como *apple, people, April, circus, level, about, enough, animal.* Bill Bryson dice: "If there is one thing certain about English pronunciation is that there is nothing certain about it." → Ver mi libro *Phonética inglesa para torpes.*

SPANIARD – Español de pura cepa.

En los Estados Unidos de Norteamérica por *Spaniard* entienden español de España, que asocian con *conquistadors, toreadors* y descubridores. Si queremos hacer la salvedad de que nacimos en la Península, deberemos emplear la palabra *Spaniard.*

SPANISH – Español.

Español. Tengamos presente que todos los de origen sudamericano se llaman a sí mismos *Spanish* y en la mente del norteamericano todos están metidos en el mismo saco. Ahora también se autodenominan *Latinos* o *Hispanos* → **Spaniard**

SPANISH VOCABULARY IN ENGLISH – Palabras españolas en inglés.

El idioma inglés acepta palabras de otras lenguas con facilidad. El castellano ha prestado muchas que se han convertido en inglesas. Veamos unas cuantas:

Adobe, Aficionado, Albino, Alcove, Alfalfa, Alligator, Armada, Bonanza, Bravo, Canary, Canyon, Cargo, Cocoa, Conquistador, Desperado, Embargo, Fiesta, Hombre, Piñata, Señorita, Sombrero, Toreador, Junta, Guerrilla y muchas más.

SPELL – Deletrear.

Deletrear, escribir. *To spell, spelt, spelt* que también es regular: *spelled, spelled. How do you spell Monday? Capital m, o, n, d, a, y.*

To spell well, escribir sin faltas de ortografía. El idioma inglés tiene una ortografía endiablada, pero no se aceptan las faltas, ni se condonan, ni se justifican, ni se aceptan. Tenemos que estar muy atentos para que no nos pillen en un renuncio ortográfico.

Tengamos presente que la ortografía inglesa tiene variantes, excentricidades, dificultades y ausencia de reglas. Pero esto no es excusa. Si no sabemos, lo comprobamos. Corremos el riesgo de que nos juzguen mal, y con razón.

Repito: debemos decir *how do you spell your name?* y no *how do you write your name?* Son cosas diferentes.

SPELLING BEE – Concurso de ortografía

La ortografía inglesa es tan enrevesada que trae de cabeza a extranjeros y nativos por igual. Poseer una ortografía perfecta es más cosa de comprobación e investigación que de reglas.

Por eso hay concursos de ortografía como el Spelling Bee. Los concursantes compiten en el deletreo de palabras de todo tipo. La palabra se emite de viva voz y el concursante trata de deletrearla. Es un buen ejercicio para los alumnos extranjeros, para que mejoren su ortografía inglesa y, de paso, se den cuenta de sus dificultades.

STATES OF THE UNION – Estados de la Unión norteamericana.

Cada estado norteamericano es un ente independiente con su propia constitución, sistema jurídico y recaudatorio así como fuerzas armadas (*state defense forces, state police*) y todos juntos forman el país que conocemos como *United States of America*, Estados Unidos.

Es importante saber que lo que se permite en un estado, puede acarrear años de cárcel en otro. Un médico de Nueva York no puede ejercer en Filadelfia a menos que apruebe un examen especial en Pensilvania. Cada estado tiene su propio permiso de conducir. Los abogados tampoco pueden ejercer libremente de un estado a otro.

Así es importante cerciorarse de las leyes que imperan en el estado donde vayamos a asentarnos a vivir. Y Ojo con las *blue laws*.

STANDARD ENGLISH – Inglés estándar.

Es el idioma estándar que mejor se entiende por más personas, independientemente de dónde se emplee, y que no usa localismos o coloquialismos. Es el idioma de los periódicos y revistas de prestigio. Decir que el inglés de Oxford, o de Dublín, o de Boston es el mejor no tiene sentido alguno. El inglés simple, claro y fácil de entender es siempre el mejor inglés, proceda de donde proceda. → **British English** → **American English**

STARE – Mirar con fijeza, con impertinencia.

Mirar fijamente. Se considera de mala educación *to stare* a la gente. *We may look, but we should never stare.*

STERLING POUND – Libra esterlina.

Pound sterling, sterling pound, es la libra esterlina. *Sterling silver,* plata de ley. → **pound**

STUDENTS – Definiciones para alumnos.

En los Estados Unidos los estudiantes en High School y en la enseñanza superior se clasifican y nombran así:

Primer año	*freshman*
Segundo año	*sophomore*
Tercer año	*junior*
Cuarto año	*senior*

He is a junior at Cornell, quiere decir que está en el tercer año en la Universidad de Cornell.

In my freshman year I studied little, durante mi primer año en la universidad estudié poco. *Mary is a freshman at Harvard Law School.*

TABOO WORDS → four-letter words

TAUTOLOGIES – Repeticiones.

La tautología es una repetición innecesaria (bajar abajo, asomarse al exterior, entrar dentro, cita previa), y la lengua inglesa las tiene y se deben evitar:

Tautología	Correcto
Advanced reservations	*You must make reservations*
At about	*They will arrive about five*
Cooperate together	*They refuse to cooperate*
Descend down	*He descended the stairs*
Early beginnings	*The beginnings were tough*
Follow after	*Monday follows Sunday*
Free gifts	*They gave us gifts*
Give away free tickets	*The store will give free tickets*
Mix together	*Mix the ingredients*
More superior	*This book is superior to that one*
Past history	*This is history*

TEA – El té y sus frases.

Por nada del mundo, decimos *not for all the tea in China*. The *Oxford English Dictionary* tiene una citación que dice: "I'm not going to stand in my girl's light for all the tea in China." Y hablando de té, cuando algo no nos gusta empleamos la expression: *it/he/she is not my cup of tea*. Por cierto que como todo cambia el *five-o'clock tea* pasó a mejor vida. Y también es sabido que a los ingleses lo que les gusta beber es el whiskey, no el *tea*. Por eso llevan la cara tan *ruddy* siempre.

En el Reino Unido *tea is a cooked evening meal*, una cena.

THANK YOU – Cómo dar las gracias.

Thanks está bien, pero *thank you* es más formal y mejor. El verbo es *to thank*, dar las gracias: *we thanked them and left*, les dimos las gracias y nos marchamos. *We have finished on time but no thanks to you*, hemos terminado a tiempo pero no gracias a ti.

También se dan las gracias en inglés, *to give thanks*. Y no olvidemos el *Thanksgiving* norteamericano.

Thank God, gracias a Dios. *Thank God nothing happened*, Gracias a Dios que no pasó nada. *I thank you* es muy formal pero se puede emplear siempre. Algunas variantes son: *thanks a million, many thanks, a thousand thanks, thank you so much, thank you very much indeed.* → **manners**

THANKSGIVING – Acción de gracias.

Día de acción de gracias. Se celebra en los Estados Unidos el cuarto jueves de noviembre, desde 1863. Es un acontecimiento familiar y se reúne todo el clan para la cena que consiste inevitablemente de pavo, *turkey*. Es casi como la nochebuena en España, que es una reunión familiar también, y muy emotiva, dicen.

TIME – El tiempo.

Es tiempo pero se emplea por el *hora* castellano:

¿Qué hora es? *What time is it?* (también: *What is the time? What time do you make it? What o'clock is it? What time do you have?*)

Es buena hora para irse a dormir, *it's a good time to go to bed*.

No llegó a la hora, *he did not come on time*.

Nos ha llegado la hora, *our time has come*.

Venir a cualquier hora, *to come any time*.

También es vez: *One time, two times, three times.*

To kill time, matar el tiempo.

To make time, hacer tiempo.

To spend time, pasar tiempo.

All the time, siempre.

Time flies, el tiempo vuela.

Long time, mucho tiempo.

Short time, poco tiempo.

Small-time, insignificante, de poca monta, de medio pelo. *A small-time gangster.*

Big-time: importante, de grandes vuelos. *Big-time business*; *big-time crime.*

TIME, MILITARY – La hora militar.

Los militares no emplean am o pm, sino que se rigen por el *Military time*, que es como se escribe la hora en el resto del mundo, que divide el día en 24 horas.

En la vida civil la gente habla de *3:00 pm* o *8:00 pm*. Los militares dirán *15:00* (fifteen hundred), o *20:00* (twenty hundred.)

00:01 son las 12:01 am.

07:00 son las 7:00 am.

13:00 es la 1:00 pm.

16:00 son las 4:00 pm.

En resumen: los militares emplean el sistema normal de 24 horas, el que se emplea en Europa. En la vida civil cotidiana, todo se basa en am. y pm.

TIME ZONES – Zonas o husos horarios en EE.UU.

Sin contar Alaska ni Hawai, los Estados Unidos tienen cuatro zonas o husos horarios:

Eastern Time Zone: 9 am.

Central Time Zone: 8 am.

Mountain Time Zone: 7 am.

Pacific Time Zone: 6 am.

A tener en cuenta al viajar o llamar por teléfono. Cuando abren las oficinas en Nueva York a las 9 de la mañana, en San Francisco duermen a pierna suelta a las seis de la madrugada. Y si llamamos desde Madrid es peor.

TIP – Propinas y consejos.

Propina, entre otras cosas. *To tip* dar propinas. En España ya casi no se dan, o se dan cantidades de mofa. En los Estados Unidos la mayoría de los camareros trabajan solo por las propinas y no tienen sueldo. Recuerde esto cuando visite el país, aunque hay tendencias ahora en muchos restaurantes de prohibir esta costumbre. *He left a generous tip*, dejó una propina generosa. *Did you tip the waitress?* ¿Le diste propina a la camarera? Suele ser un 15 o un 20 por cien de la cuenta.

Tip también es consejo: *He gave me a few tips about how to make money without working.*

Punta: *I have it on the tip of my tongue*, lo tengo en la punta de la lengua. *Fingertips*, punta de los dedos.

TONGUE – Lengua.

Lengua. *Mother tongue*, lengua materna. *He speaks many tongues*, habla muchas lenguas. *To stick one's tongue out to someone*, sacarle la lengua a alguien.

Tongue in cheek, con la boca pequeña.

To have on the tip of one's tongue, tener algo en la punta de la lengua.

137

TONGUE TWISTER – Trabalenguas.

No es nunca mala idea aprenderse uno de memoria. Quizá podamos impresionar a alguien con nuestros conocimientos del inglés: *I saw Susie sitting in a shoe-shine shop. Where she sits she shines, and where she shines she sits.*

How much wood, would a woodchuck chuck, if a woodchuck could chuck wood?

UNCLE SAM – Personificación de los Estados Unidos.

Personificación del gobierno norteamericano y de los norteamericanos en general como un hombre alto, delgado, con barba y vestido con la bandera del país. → **John Bull**

UNDERGRADUATE – Universitario.

Alumno universitario que sigue estudios para el B.A. o B.S. Cuando estudia para un *master's degree* entonces es un *graduate student*. Se habla de *undergraduate courses*, *graduate courses*.

UNITED STATES – Estados Unidos

País de América del Norte formado por 50 estados soberanos y un Distrito, *District of Columbia*, donde se encuentra la Capital Federal, Washington.

Cada estado tiene su propia constitución, su gobernador, su milicia, su policía estatal, su Tribunal Supremo y sus propias leyes, así como su capital y su bandera. Nada menos.

Es importante saber esto porque el visitante debe cerciorarse de esas leyes y normativa según el estado que visite. Lo que es lícito en un estado puede no serlo en otro.

El país tiene una población (2015) de 320 millones.

VOCABULARY → Anglo-Saxon vocabulary

WASHINGTON → District of Columbia

WEATHER – Tiempo atmosférico.

Tiempo atmosférico: *What's the weather like today?* ¿Qué tiempo hace hoy? *I love cold weather*, me encanta el tiempo frío.

Cuando en castellano decimos que no estamos bien, que no estamos católicos, en inglés soltamos: *we are under the weather. What I ate for lunch is making me feel under the weather*. Pero, cuidado, que la frase también significa el estado de embriaguez: *He's been drinking at the party, that's why he is under the weather, so don't let him drive.*

WEDDINGS – Bodas y sus costumbres.

En España y en el mundo anglosajón, las bodas tradicionales tienen novia, novio, madrina, padrino. En los Estados Unidos la novia se convierte en *bride* y el novio en *groom*, el día de la boda, porque antes son *fiancée* y *fiancé*. Si una mujer presenta a un hombre como su *fiancé*, es que es su novio, su prometido, el tipo con el que se va a casar.

Antes de nada el novio tiene que aflojar la pasta y comprar un *engagement ring* que suele tener un diamante, más o menos grande, según. *He proposes, he asks the girl to marry him* y ella acepta y se pone la sortija de pedida.

Al novio, *groom*, se le felicita, *we congratulate the groom*, o le decimos *congratulations*, y a la novia se le dan buenos deseos, *we offer or wish or give best wishes*. Esto es importante porque si no podría pensar que le damos la enhorabuena por haber pillado marido.

En la boda, *wedding ceremony*, el *groom* lleva a su padrino, *best man*, que es el encargado de entregar los *wedding rings*, las alianzas. La *bride* no tiene una sola madrina sino *maids of honor*, amigas que se presentan todas vestidas exactamente igual, con el mismo vestido azul, verde o como decida la novia. El padre de la novia lleva a su hija al altar *and gives her away*. El oficiante preguntará: *Who gives this woman away?* Y el padre, o hermano, o quien lo haga, responderá: *I do.* Y se retirará.

El oficiante preguntará, como vemos en las pelis: "Peter, do you take Anne for your lawful wedded wife, to live in the holy estate of matrimony? Will you love, honour, comfort, and cherish her from this day forward, forsaking all others, keeping only unto her for as long as you both shall live?" o algo similar. Y los dos dicen que sí, risueños. Sin saber lo que están diciendo. Y luego dirá: "I now pronounce you husband and wife."

Y entonces se van todos al *wedding banquet*. Importante: el padre de la novia es el que corre con los gastos del guateque.

Luego se van a la *honeymoon*, luna de miel en el *wedding trip*.

The dowery, la dote, ya no se estila, por fortuna para los padres de ella. Tampoco se lleva el *trousseau*, el ajuar. Por ese motivo la gente se casa con más alegría y rapidez.

WELCOME – Bienvenido y de nada.

Bienvenido, de nada. *A hearty welcome*, una bienvenida cordial *a cordial reception. Thank you. You are welcome.*

To welcome, dar la bienvenida: *They welcomed us with open arms*, nos dieron la bienvenida con los brazos abiertos. *Welcome to my house*, bienvenido a mi casa.

WORKAHOLIC – Adicciones.

Un *workaholic* es un laboradicto, uno de esos que solo sabemos trabajar y que hemos perdido el norte en la vida. *Jack never takes a vacation. He is a workaholic.*

A los que les gusta tragar, comer, a todas horas se les llama *foodaholics.*

Y los que comen chocolate compulsivamente son *chocoholics.* Y hay más.

WWW – Internet.

World Wide Web, Net o internet.

XMAS → Christmas

ZODIAC, SIGNS OF THE – Signos del zodíaco.

Son bobadas, claro, pero todos sabemos nuestro signo, que en inglés se denominan: *Aries, Taurus, Gemini, Cancer, Leo, Virgo, Libra, Scorpio, Sagittarius, Capricorn, Aquarius, Pisces.*

LA LENGUA INGLESA
de Delfín Carbonell

Gramática, usos, curiosidades,
ejemplos de la lengua inglesa

Patrocinio

Este libro está patrocinado por el blog bilingüe inglés y castellano del autor Delfín Carbonell.

"La lengua inglesa de Delfín Carbonell" es un blog para el aprendizaje paralelo de los idiomas castellano e inglés, con entradas cortas y relevantes, donde se hace hincapié en cuestiones prácticas que no se enseñan en el aula. Abarca gramática, fonética, cultura, historia, usos y costumbres de los mundos anglosajón e hispánico.

Comenzó en el 2010 con la seriedad que le caracteriza y por eso tiene muchas visitas a diario de todo el mundo.

Web: **delfincarbonellingles.blogspot.com**
E-mail: **delfincarbonell@gmail.com**

Autores para la formación

C🎤nferencias
EDITATUM

Editatum y **GuíaBurros** te acercan a tus autores favoritos para ofrecerte el servicio de formación GuíaBurros.

Charlas, conferencias y cursos muy prácticos para eventos y formaciones de tu organización.

Autores de referencia, con buena capacidad de comunicación, sentido del humor y destreza para sorprender al auditorio con prácticos análisis, consejos y enfoques que saben imprimir en cada una de sus ponencias.

Conferencias, charlas y cursos que representan un entretenido proceso de aprendizaje vinculado a las más variadas temáticas y disciplinas, destinadas a satisfacer cualquier inquietud por aprender.

Consulta nuestra amplia propuesta en **www.editatumconferencias.com** y organiza eventos de interés para tus asistentes con los mejores profesionales de cada materia.

www.ingramcontent.com/pod-product-compliance
Lightning Source LLC
Chambersburg PA
CBHW021007090426
42738CB00007B/694